누구나
최강자가 되는

모던 주짓수

한진우 (런 주짓수 체육관 관장) 지음

● 프롤로그

다시 용기를 내어 후속편을 출간하며

　2016년 여름에 출간된 《누구나 쉽게 배우는 주짓수 입문》을 집필하면서 원형탈모, 불면증, 소화불량 등을 겪으며 다시는 책을 쓰지 않겠다고 다짐했다. 뭘 모르고 시작할 때가 용감하다고 그냥 아는 내용을 글로 그대로 옮기면 된다고 생각해서 시작한 집필은 자료수집, 기술정리, 기술검증, 기술 시연자 지도, 기술 사진 촬영, 총정리 과정을 거치며 해야 할 일들이 눈덩이처럼 불어났으며, 여러 차례 편집과정을 거치면서 발견되는 설명 오류 및 용어 오탈자 수정작업을 거듭하면서 심신이 지쳐갔다.

　이러한 과정을 거치는 동안 자신의 생각과 감정, 지식을 글로 풀어내어 책을 출간하는 모든 분이 존경스러워지며 이 험난한 과정을 다시 겪는 일은 없을 거라 생각했다. 하지만 주짓수 화이트벨트부터 블루벨트까지에 해당하는 수련자의 눈높이에 맞춘 《누구나 쉽게 배우는 주짓수 입문》만으로는 주짓수 수련 경력자들의 요구와 새롭게 업그레이드되는 주짓수 기술 트렌드를 반영하지 못하는 한계를 느끼게 되었고 고민 끝에 다시 용기를 내어 후속편인 《누구나 최강자가 되는 모던 주짓수》를 집필하게 되었다.

이번 후속편에는 퍼플벨트부터 블랙벨트 상급 수련자까지 아우르는 난이도 높은 기술 소개 및 '모던 주짓수'로 대변되는 새로운 주짓수 스타일에 대해 중점적으로 설명했다. 이 책을 통해 폭넓은 주짓수 기술수련의 장이 열리길 기원하며, 이 책의 출간을 위해 물심양면으로 지원해주신 나의 스승 알렉산드로 레키 마차도 마스터와 레키 BJJ 코리아 공동대표 박기훈 관장 및 런 주짓수 네트워크의 모든 관계자분, 후속편 출간을 위해 기술 시연을 해주신 박건우 사범님, 기술 촬영을 도와준 황채원 씨에게 감사의 말씀을 전한다. 그리고 나의 결정에 아낌없는 이해와 지지를 보내주는 사랑하는 가족들, 특히 나의 소중한 배우자 은진과 아들 서형이에게 고마운 마음을 전한다.

2019년 9월 한진우

● 차례

프롤로그 다시 용기를 내어 후속편을 출간하며 2

Chapter 1　모던 주짓수란 무엇인가?

01. 주짓수 구분 12
- 호신술로서의 주짓수
- 스포츠로서의 주짓수

02. 모던 주짓수의 정의 14

Chapter 2　모던 주짓수의 기본 상식

01. 인버티드 드릴의 중요성 18
- 기초 인버티드 드릴 (Basic Inverted Drill)
- 플랫 롤 드릴 (Flat Roll Drill)
- 숄더 롤 드릴 (Shoulder Roll Drill)
- 인버티드 드릴 (Inverted Drill) 옆구르기
- 인버티드 드릴 (Inverted Drill) 구르며 일어나기
- 인버티드 드릴 (Inverted Drill) 등 쪽으로 구르기

02. 엔트리, 트랜지션 or 플로우란? 31
- 엔트리(Entry)
- 트랜지션(Transition) or 플로우(Flow)

03. 스포츠 주짓수에서 탑, 가드, 가드 패스 개념 40
- [예시1] 탑에서 자신이 스스로 가드로 갈 경우
- [예시2] 탑에서 상대방에게 하체 관절기를 시도할 경우
- [예시1] 터틀 포지션에서 서 있는 상대방을 넘겼을 경우
- [예시2] 가드 패스를 당하고 있다가 스윕 했을 경우
- [예시1] 가드 패스 점수가 주어지는 경우
- [예시2] 테이크다운 혹은 스윕 후 사이드 포지션을 확보했을 경우
- [예시3] 더블 가드에서 가드 패스 점수가 인정되지 않는 경우

04. 베림보로, 스크램블 or 도그 파이트 50
- 베림보로 (Berimbolo)
- 스크램블 (Scramble) or 도그 파이트 (Dog Fight)

Chapter 3　클래식의 재해석, 클로즈드 가드에서 모던 주짓수 기술

01. 클로즈드 가드 56
- 클로즈드 가드 롤링 백 테이크
- 클로즈드 가드 암드래그 백 테이크
- 클로즈드 가드에서 옥터퍼스 가드 전환
- 클로즈드 암드래그 스윕

- 클로즈드 가드 오버 그립 백 테이킹

Chapter 4 모던 주짓수로 날개를 달다, 하프 가드 & 버터플라이 가드

01. 하프 가드 70
- 하프 가드 베이직 스윕
- 하프 가드 롤링 스윕
- 버터플라이 하프 가드
- 딥 하프 가드
- 딥 하프 가드 다리 훅

02. 버터플라이 가드 82
- 버터플라이 가드 베이직 스윕
- 버터플라이 가드 백 테이킹
- 버터플라이 X-가드
- 버터플라이 X-가드 훅 종류
- 버터플라이 X-가드 백 테이킹
- 버터플라이 2 on 1 훅 종류
- 버터플라이 2 on 1 훅 백 테이킹
- 버터플라이 2 on 1 훅 웨이터 가드

Chapter 5 모던 주짓수의 정석, 데라히바 가드

01. 데라히바 싯업 가드 100
- 데라히바 싯업 가드(바깥쪽 다리 감기)
- 데라히바 싯업 가드(안쪽 다리 감기)

02. 데라히바 가드 X-가드 105
- 데라히바 X-가드 백 테이킹
- 데라히바 X- 가드 스윕
- 데라히바 X- 가드 베림보로
- 리버스 데라히바 스윕
- 리버스 데라히바 그립 종류
- 리버스 데라히바 롤링 스윕

Chapter 6 모던 주짓수의 꽃, 베림보로

베림보로란? 122

01. 베림보로 훅 124
- 베림보로 레그 훅
- 베림보로 X - 훅

- 베림보로 트위스터 훅
- 베림보로 트럭 포지션 훅

02. 베림보로 테크닉 126
- 베림보로 기본 엔트리
- 베림보로 레그 드래그
- 베림보로 레그 드래그(반대쪽)
- 베림보로 가드 패스
- 베림보로 롤링 사이드 포지션 잡기
- 베림보로 롤링 풀 마운트 포지션 잡기
- 베림보로 백 테이크
- 베림보로 암바
- 베림보로 삼각 조르기
- 베림보로 오모플라타
- 베림보로 카운터 토홀드
- 베림보로 카운터 패스

Chapter 7 유연하지 않아도 할 수 있다, X-가드

01. X-가드 스타일 150
- 싱글렉 X-가드 스타일
- 더블렉 X-가드 스타일
- X-가드 팔 그립 스타일

02. X-가드 엔트리 153
- 클로즈드 가드 X- 가드 엔트리
- 클로즈드 가드가 풀릴 때 X-가드 엔트리
- 양 소매를 잡은 상태에서 X- 가드 엔트리
- 양 소매를 잡고 양쪽 다리 훅을 건 상태에서 X-가드 엔트리
- 스파이더 가드에서 X-가드 엔트리
- 2 on 1 가드에서 X-가드 엔트리
- 싯팅 가드에서 X- 가드 엔트리
- 버터플라이 가드에서 벨트 잡고 x-가드 엔트리
- 딥 하프 가드에서 X-가드 엔트리
- 딥 하프 가드에서 더블렉 X-가드 엔트리
- 풀 마운트 탈출하며 X-가드 엔트리
- 백 마운트 탈출하며 X-가드 엔트리
- 가드 폴링하며 X-가드 엔트리
- 버터플라이 가드에서 암드래그하며 X-가드 엔트리

Chapter 8 모던 주짓수의 끝판왕, 라펠 가드 & 웜 가드

01. 라펠 가드 184

- 클로즈드 가드 라펠 오모플라타
- 클로즈드 가드 라펠 스파이더 스윕
- 데라히바 가드 라펠 백 테이크
- 데라히바 가드 라펠 싱글렉 X-가드 스윕

02. 웜 가드 196
- 데라히바 웜 가드 스윕
- 데라히바 웜 가드 훅 스윕
- 딥 하프 웜 가드 백 테이크

Chapter 9   약자의 무적 방패, 50/50 가드

01. 50/50 가드 206
- 50/50 가드 베이직 스윕
- 50/50 가드 백 테이킹
- 50/50 더블 가드 스크램블
- 50/50 더블 가드 베림보로
- 50/50 가드 스파이더 그립 백 테이킹

Chapter 10   탑과 가드의 경계선이 사라진다, 모던 주짓수 가드 패스 기술

01. 50/50 가드 패스 226
- 50/50 가드 스크램블 패스

02. 오버 언더 패스 229
- 오버 언더 스크램블 가드 패스

03. 데라히바 가드 패스 232
- 데라히바 스매시 가드 패스
- 데라히바 니컷 레그 드래그 가드 패스
- 데라히바 롱 스탭 패스

04. 버터플라이 가드 패스 240
- 버터플라이 가드 패스

05. X-가드 패스 242
- 싱글렉 X-가드 패스 ①
- 싱글렉 X-가드 패스 ②
- 싱글렉 X-가드 패스 ③
- 더블렉 X-가드 패스

Chapter 11　모던 주짓수 스타일의 관절기 및 조르기

01. 암바　254
- 클로즈드 가드 롤링 암바
- 크로스 암바
- 오픈 가드 암바
- 스탠딩 플라잉 암바
- 싯팅 가드 상태로 플라잉 암바
- 하프 가드 롤링 암바
- 터틀 포지션 암바

02. 키락　268
- 사이드 포지션 키락
- 남북자세 키락
- 삼각 조르기 키락 암바
- 프런트 마운트에 깔렸을 때 키락
- 백 포지션을 잡혔을 때 키락
- 싱글렉 테이크다운 잡혔을 때 카운터 키락

03. 오모플라타　281
- 클로즈드 가드 롤링 오모플라타
- 오모플라타에서 백 테이킹
- 라쏘 그립에서 오모플라타
- 싱글렉을 잡혔을 때 오모플라타 카운터
- 스파이더 가드에서 오모플라타
- 터틀 포지션에서 오모플라타
- 오모플라타에서 다리 걸어 백 테이킹

04. 삼각 조르기　294
- 라쏘 가드 롤링 삼각 조르기
- 하프 가드 리버스 삼각 조르기
- 라쏘 가드 롤링 리버스 삼각 조르기
- 스파이더 가드 삼각 조르기
- 라쏘 가드 삼각 조르기

05. 루프 초크　305
- 터틀 포지션 루프 초크
- 터틀 포지션 루프 초크(팔로 감기)
- 터틀 포지션 루프 초크(다리잡고 감기)
- 터틀 포지션 루프 초크 & 암바
- 클로즈드 가드 루프 초크

06. 라펠 초크　313
- 라펠 베이스볼 초크

- 라펠 페이퍼 컷 크로스 초크
- 라펠 초크(곁누르기)
- 남북자세 라펠 초크

Chapter 12 다윗의 돌팔매, 하체 관절기

01. IBJJF 허용 포지션 & ADCC / MMA 허용 포지션 323
- 아시 가라미 (Ashi Garami), 다리 얽어 비틀기
- 탑 사이드 아시 가라미 (Top Side Ashi Garami) or 버터플라이 아시 (Butterfly Ashi)
- 뒤로 다리 얽어 비틀기 (Ushiro Ashi Garami)
- 50/50
- 인사이드 산가쿠 (Inside Sankaku)
- 레그 노트 (Leg Knot)
- 러시안 레그 노트 (Russian Leg Knot)
- 러시안 카우보이 (Russian Cowboy)
- 러시안 레그 라쏘 (Russian Leg Lasso)

02. IBJJF 허용 하체 관절기 328
- 바나나 스플릿
- 일렉트릭 체어
- 스트레이트 앵클락
- 카이오 테라 풋락
- 에스티마 락
- 칼리프 슬라이서
- 니바
- 토홀드

03. ADCC / MMA 허용 관절기 341
- 힐훅
- 인버티드 힐훅

04. 하체 관절기 엔트리 344
- 클로즈드 가드 하체 관절기 엔트리
- 하프 가드 하체 관절기 엔트리
- 버터플라이 가드 하체 관절기 엔트리
- 롤링 하체 관절기 엔트리

모던 주짓수란 무엇인가?

01 주짓수 구분

주짓수가 전 세계적으로 각광받게 된 것은 종합격투기에서의 활약인데, UFC 1회 대회 때 거구의 경쟁자들을 마르고 약해 보이는 '호이스 그레이시'가 제압하며 우승을 차지하고서부터다.

현재는 주짓수를 배우지 않고 종합격투기 시합에 나가는 것은 자살행위로 여겨질 정도로 종합격투기(MMA)를 준비하는 선수들의 필수 수련 무술로 자리 잡았다.

2017년, 2019년 IBJJF 월드 챔피언, 니콜라스 메헤갈리 [무애 제공]

1. 호신술로서의 주짓수

주짓수가 종합격투기에서 위력을 떨친 것처럼 주짓수는 '실전 무술'의 대명사로 통할 만큼 호신술로서도 그 효용도가 높은 무술이다. 순수 스포츠로서의 주짓수에 비해 타격기에 대한 대비 및 실전 환경(길거리나 딱딱한 콘크리트 바닥 등)을 고려한 기술 등을 배우는 주짓수 형태로 '올드스쿨(Old School) 주짓수'라고 불린다. 이러한 주짓수를 추구하는 계파는 '그레이시 주짓수'가 대표적이다.

2. 스포츠로서의 주짓수

'스포츠 주짓수'는 주짓수 분야에서 가장 큰 비중을 차지하며, 일반인이 생활 체육으로서 주짓수를 수련하는 데 수월하게 접근할 수 있는 형태이다. 스포츠 주짓수는 규칙에 근거하여 진행되므로 체육관 환경(안전매트, 경기 시간 및 위험 기술 제한 등)에 특화된 기술로 겨룬다. 실전성에 약하다는 논란이 있지만 전 세계적으로 각광받으며 주짓수 대중화에 일등공신으로 떠오르고 있다. 이런 스포츠 주짓수에 특화된 기술을 사용하는 주짓수 계파를 '모던(Modern) 주짓수'라 하는데, 모던 주짓수의 대표적인 선수로는 AOJ의 멘데스 형제 등이 있으며, 이번 책에서 중점적으로 다룰 주짓수 스타일이 스포츠 주짓수인데, 그중에서도 모던 주짓수이다.

모던 주짓수의 본가인 AOJ(ART of JIU JITSU) [MMA스토어 제공]

02 | 모던 주짓수의 정의

앞서 언급한 모던 주짓수는 스포츠 주짓수 규칙에 근거하여 체육관이나 주짓수 대회 환경(안전매트, 경기 시간제한 및 부상 위험이 큰 기술 제한 등)에 특화된 주짓수이다. 특히 더블 가드, 베림보로, 레그 드래그 패스 등을 주무기로 하는 멘데스 형제의 AOJ가 세계 스포츠 주짓수 대회를 석권하면서 각광받게 되었다.

전통적인 주짓수 개념, 예를 들어 상대를 테이크다운시킨 후 가드 패스, 그리

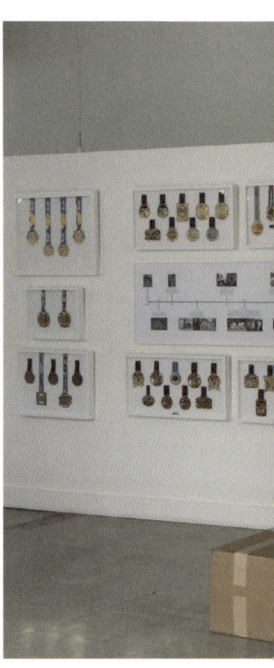

모던 주짓수의 본가인 AOJ(ART of JIU JITSU)의 수장, 멘데스 형제 [MMA스토어 제공]

고 포지션을 먼저 확보하여 점수를 얻고 관절기 혹은 조르기로 제압하는 기존의 관습을 고집하지 않고 가드 포지션에서 단숨에 상대방의 백 포지션을 점유하는 베림보로와 같은 기술 등에 초점을 맞춤으로써 기존 주짓수와 대비되어 '주짓수 2.0', '뉴스쿨 주짓수'라고도 불린다.

모던 주짓수의 본가답게 인테리어도 모던함의 극치를 달린다. [MMA스토어 제공]

수업을 진행하는 모습 [MMA스토어 제공]

모던 주짓수의 위력을 보여주는 듯
멘데스 형제의 엄청난 수상 기록 [MMA스토어 제공]

멘데스 형제에게 개인지도를 받는 MMA스토어의 김종원 대표 [MMA스토어 제공]

Chapter 2

모던 주짓수의 기본 상식

01 | 인버티드 드릴의 중요성

다음은 주짓수의 가장 핵심 드릴(Drill)인 인버티드 드릴(Inverted Drill)에 대해 설명하겠다. 주짓수에서는 등과 어깨를 바닥에 대고 두 발을 머리 뒤로 넘기는 인버티드(Inverted) 자세가 많이 사용된다.

특히 중·고급 기술일수록 인버티드 자세를 사용하기 때문에 주짓수를 수련하는 경우 필수적으로 연습해야 하는 드릴이다. 몸이 유연하지 않은 경우 목과 허리에 많은 부담이 갈 수 있으므로 충분한 스트레칭과 단계별로 충분한 연습이 필요하다.

인버티드 드릴을 난이도에 따라 한 번 알아보자.

1. 기초 인버티드 드릴(Basic Inverted Drill)

• 상·하체 접어서 버티기

• 상·하체 접고 다리 벌려서 버티기

• 벽에 다리 꼬아서 대고 돌기

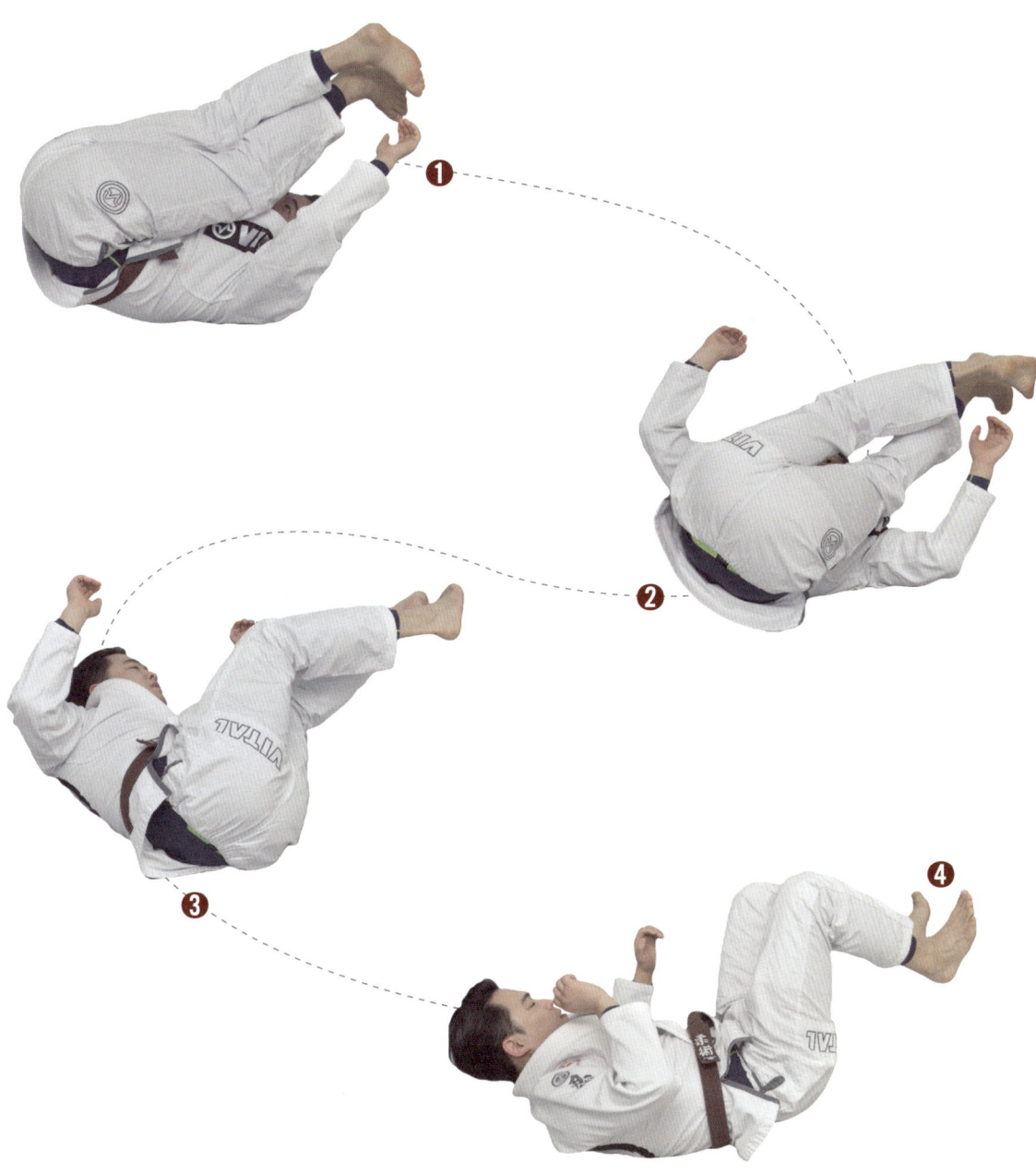

• 벽에 옆으로 붙어서 가까운 발대고 돌기

• 벽에 옆으로 붙어서 반대쪽 발대고 돌기

2. 플랫 롤 드릴(Flat Roll Drill)

인버티드 드릴을 하기 전 입문단계로 플랫 롤 드릴(Flat Roll Drill)을 연습해 보자.

주짓수에서 앞·뒤 구르기는 여러 상황에서 자주 쓰이는 동작으로 꼭 숙달되게 익히는 것이 중요하다. 특히 주짓수 앞·뒤 구르기는 머리를 이용하지 않고 어깨를 이용하여 구른다는 점을 명심해야 한다. 플랫 롤 드릴(Flat Roll Drill)이란 배를 바닥에 대고 누운 후 상체를 접으면서 앞·뒤로 구르며 상체를 접을 때도 어깨를 이용한다.

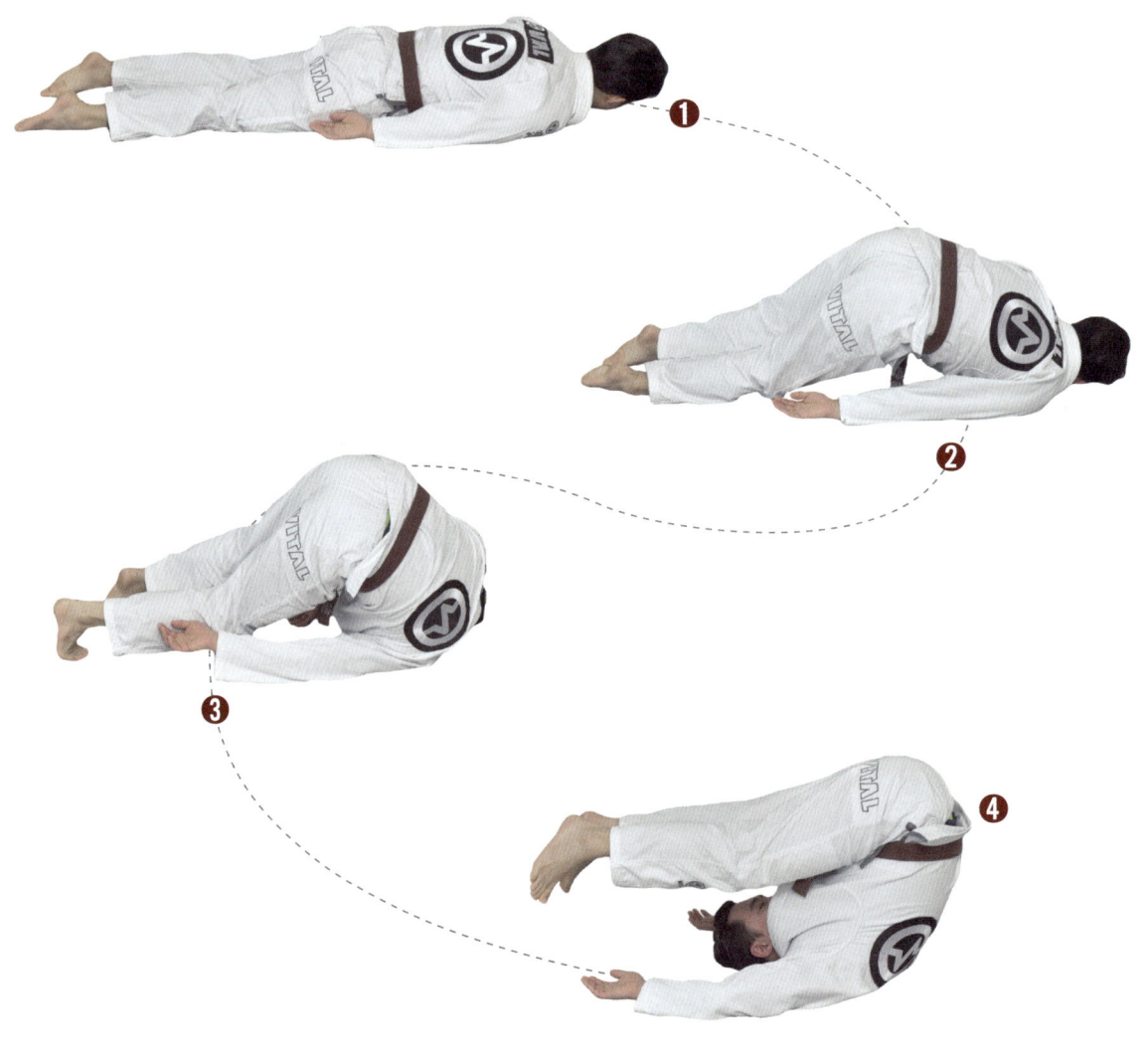

3. 숄더 롤 드릴(Shoulder Roll Drill)

머리를 몸 안으로 숙인 상태에서 팔을 몸 안으로 넣으며 어깨만을 이용하여 몸을 좌우로 움직인다. 이때 등이 바닥에 닿으면 안 되며 처음에는 좌우로 번갈아가며 움직이고 숙련되었을 때 한쪽 방향으로 계속 움직인다.

Chapter 2 모던 주짓수의 기본 상식

4. 인버티드 드릴(Inverted Drill) 옆구르기

다리를 곧게 뻗고 팔은 뒷짐을 진 상태로 상체를 다리 쪽으로 최대한 숙인 후 옆으로 몸을 굴려서 이동한다. 이때 어깨만 바닥에 닿아야 하며 옆으로 몸을 굴려 처음 상태로 가기 전까지 상체를 펴거나 다리를 굽히면 안 된다.

5. 인버티드 드릴(Inverted Drill) 구르며 일어나기

인버티드 드릴(Inverted Drill) 옆구르기를 하면서 등이 바닥에 닿았을 때 일어나며 앉는다. 일어나며 앉을 때 테크니컬 싯업 자세를 취한다. 이러한 동작은 리버스 데라히바 가드(Reverse De La Riva Guard, RDLR Guard)에서 상대방의 다리 밑으로 파고들어 스윕 혹은 백 테이크 하는 기술에 많이 쓰인다.

6. 인버티드 드릴(Inverted Drill) 등 쪽으로 구르기

엉덩이를 바닥에 대고 누워서 상체를 등 쪽으로 접으며 어깨를 이용하여 옆으로 돌아간다. 이러한 동작은 베림보로와 같이 좁은 공간에서 롤링할 때 유용하게 쓰인다.

02 | 엔트리, 트랜지션 or 플로우란?

1. 엔트리(Entry)

엔트리란 개념은 주짓수를 처음 배울 때는 크게 와닿지 않고, 어떤 내용인지 가늠도 안 되겠지만 주짓수를 어느 정도 수련한 후에 닥쳐오는 고민과 직접 맞닿아 있다고 볼 수 있다.

그 고민이란, '난 기술을 배웠는데 그 기술을 쓰질 못할까!'라는 고민이다. 특히 X-가드(X-Guard)와 같이 자세를 제대로 잡게 되면 이득을 보게 되는 기술들은 그 특성상 자세를 잡기까지가 무척 어렵다. 그렇기에 자세를 잡기 전까지 많은 어려운 상황에 빠지게 될 것이다. 그래서 스윕/가드 패스/서브미션 등 유리한 상황까지 가기 위해 거치는 중간 과정을 엔트리(Entry), 셋업(Setup), 트렌지션(Transition) 등으로 다양하게 표현하는데, 총칭하여 '엔트리(Entry)'로 표기한다.

스파이더 가드 & 칼라 그립을 첫 번째 예로 들면, 이때 처음부터 싱글렉 X-가드를 의도하고 스파이더 가드 & 칼라 그립을 잡은 것이다.

다음 1번과 같이 잡은 후 2번 자세와 같이 왼발로 바닥을 딛으면서 상대를 머리 위쪽으로 당긴다. 이후에 왼 다리를 상대 오른쪽 다리 안쪽에서 바깥쪽으로 감아주고 왼팔로 상대방의 오른쪽 발목을 감아서 싱글렉 X-가드를 완성시킨다. 이때 '엔트리'로 볼 수 있는 기술은 1.2.3번이다.

싱글렉 X-가드를 잡은 후 기술은 '싱글렉 X-가드 스윕' 기술로 보면 된다. 이 2가지를 혼용해서 이해하면 기술 습득에 다소 어려움이 있다고 판단된다.

• 스파이더 가드 & 칼라 그립에서 싱글렉 X-가드 엔트리

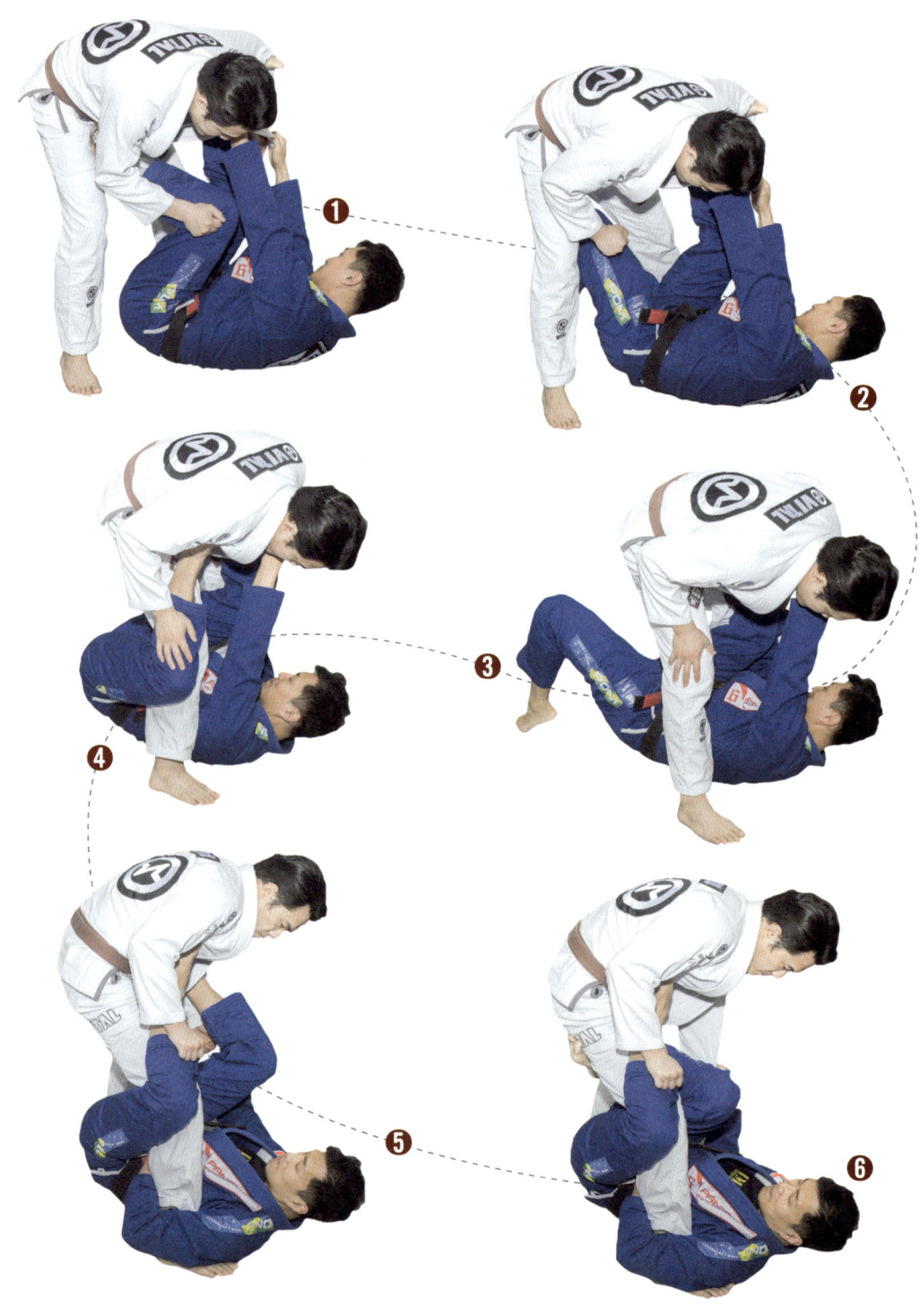

스파이더 라쏘 가드도 마찬가지이다. 연습과 달리 스파링이나 시합할 때는 라쏘 그립을 쉽게 잡혀주지 않을 것이다. 그렇기에 다음과 같이 클로즈 가드에서 발을 상대의 엉치에 대고 두 정강이를 상대 팔꿈치 안쪽에 대고 소매를 당겨 단단하게 잡은 후, 다리를 길게 뻗은 후 상대의 팔 밖에서 안으로 감는다.
위와 같은 동작을 '스파이더 라쏘 가드 엔트리'라고 할 수 있다.

• 스파이더 라쏘 가드 엔트리

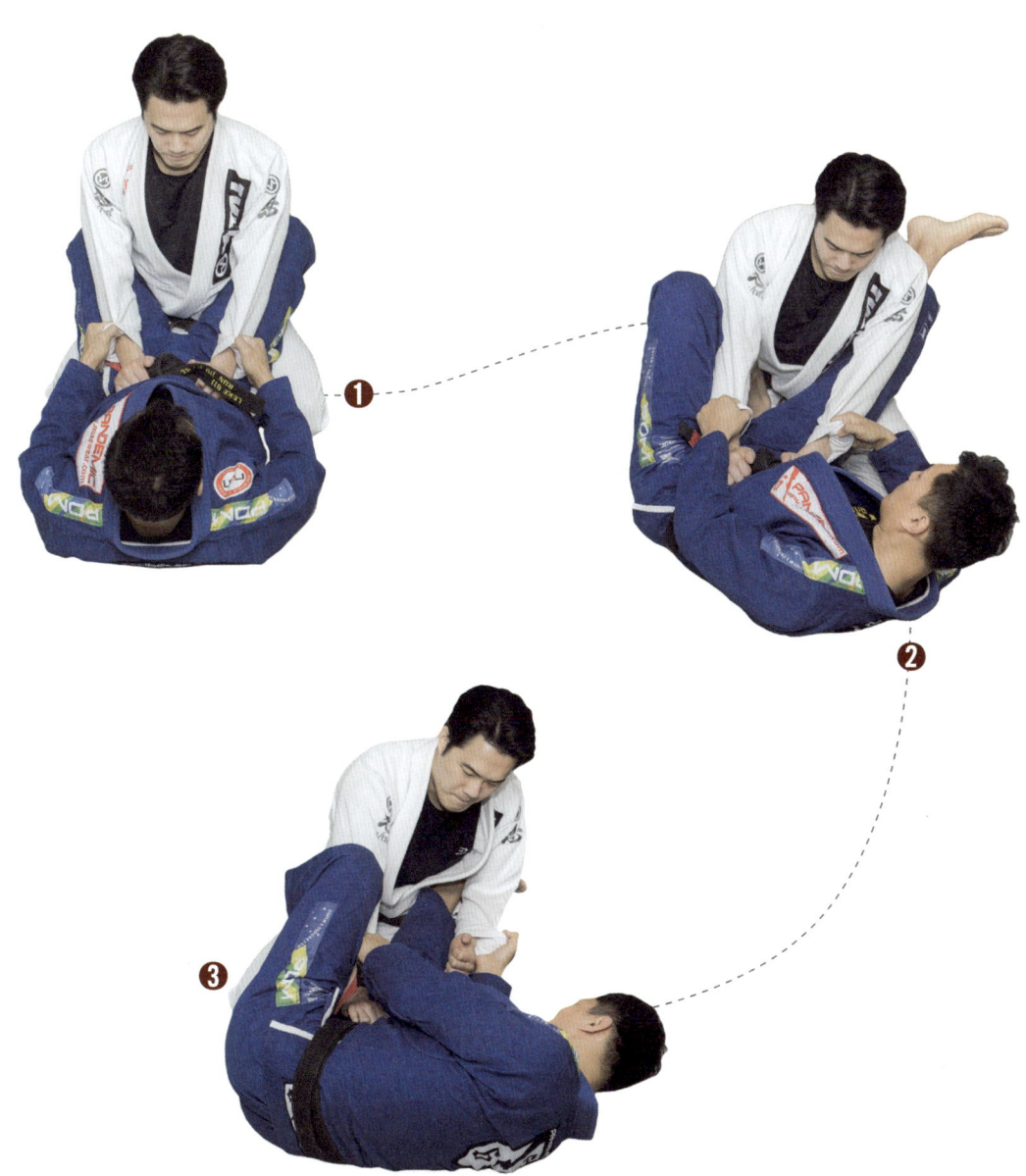

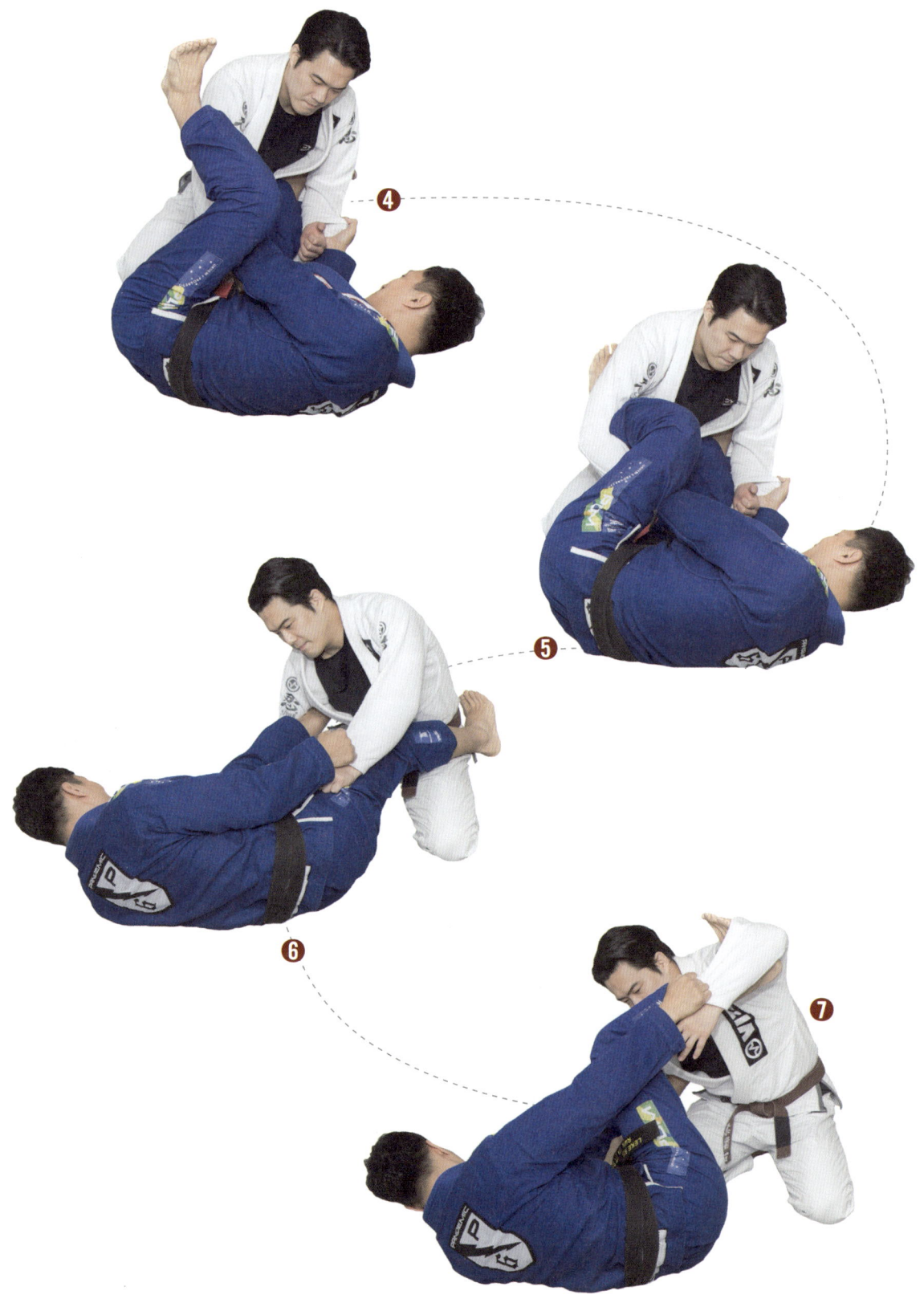

데라히바 가드도 마찬가지이다. 데라히바 가드는 상대 다리에 감은 자신의 다리 훅이 최대한 깊게 들어가면서 상대방 옆쪽으로 몸을 움직여줄수록 유리하다. 어설프게 데라히바 가드를 잡았다가는 상대에게 오히려 디피팅(Defeating)당해 패스를 당하거나 불리한 상황에 빠질 수 있다. 그래서 다음과 같이 상대방 엉치에 발을 하나 대준 후 몸을 최대한 회전하며 그 반동으로 상대편 다리에 바깥쪽에서 안쪽으로 감는 엔트리가 필요하다.

• 데라히바 가드 엔트리

2. 트랜지션(Transition) or 플로우(Flow)

플로우는 '흐름', '계속적인 공급'이란 뜻이 있는데, 주짓수에서는 끊임없이 지속되는 기술의 흐름이란 뜻이 있다.

예를 들어 Flow Rolling이란 상대방과 물 흐르듯 테크니컬하게 공방을 주고받는 스파링을 뜻하고, Flow Drill은 주짓수 드릴 여러 개를 연결해서 연습하는 것을 의미한다.

여기서 중점을 두어 설명하고자 하는 플로우는 A 기술에서 B 기술로, B 기술에서 C 기술로 상대가 방어할 경우에 다른 기술로 전환하는 기술 전환 체계를 의미한다. 물론 연계 동작이 어려운 기술끼리 플로우를 구성할 수는 없다.

예로 버터플라이 가드(훅 가드)에서 연계되는 플로우를 설명하겠다.

전체 플로우는 다음과 같다.

> Butterfly Guard → Single Leg X-Guard → Double Leg X-Guard → 50/50 Guard → 2 on 1 → Reverse Double Leg X-Guard → Deep Half Guard

• 버터플라이 가드(훅 가드) 플로우-전체

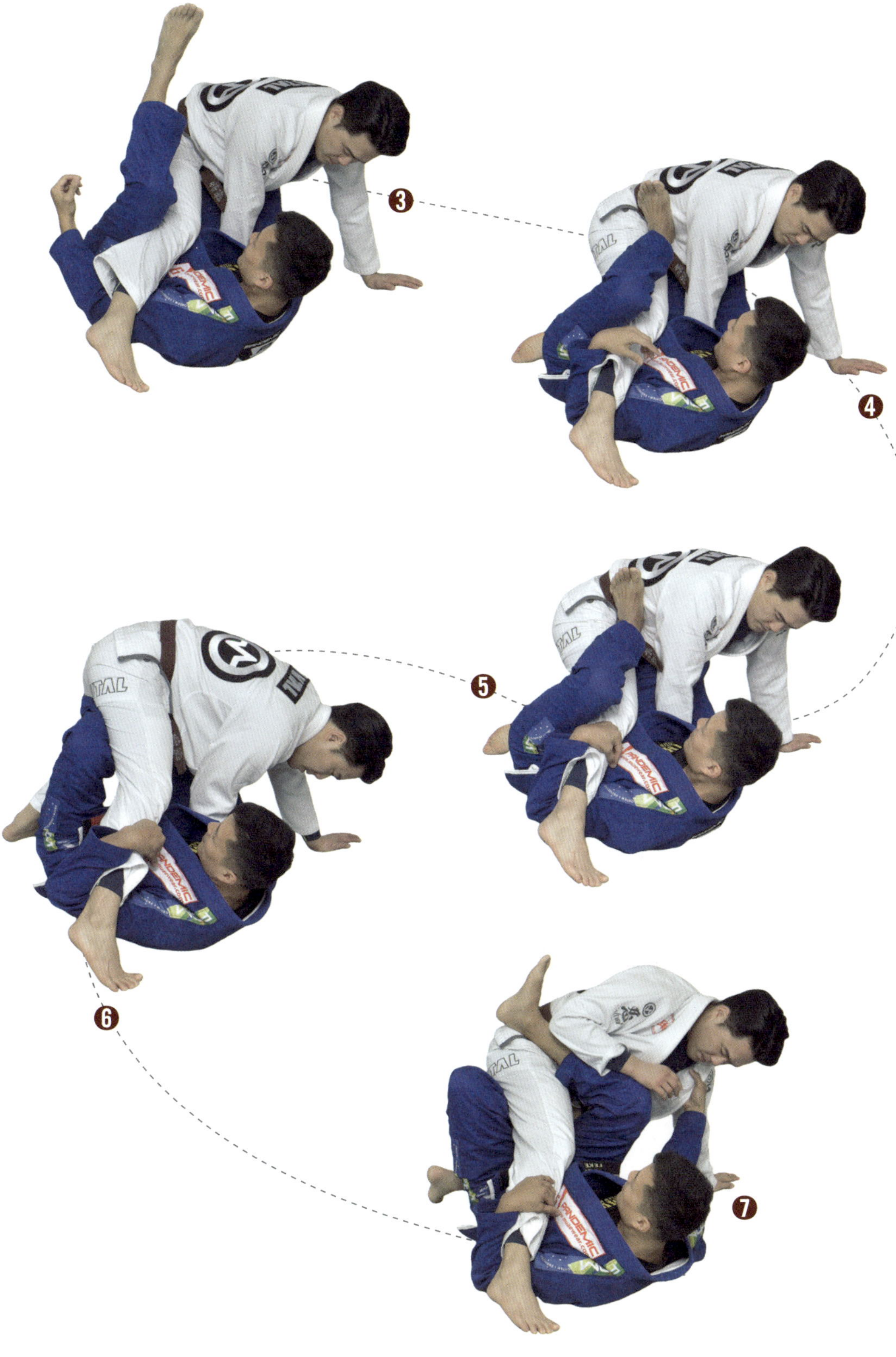
3
4
5
6
7

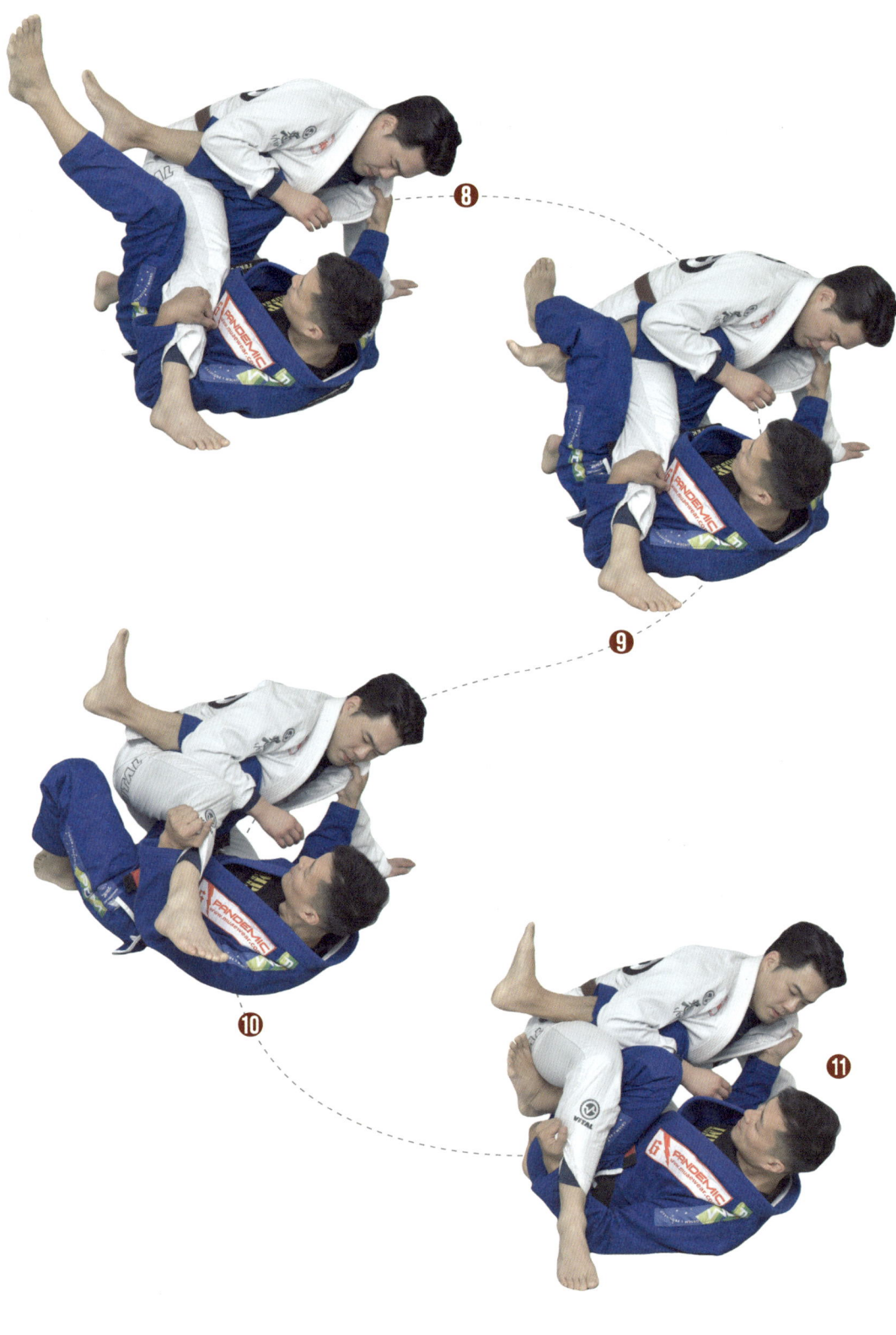

03 스포츠 주짓수에서 탑, 가드, 가드 패스 개념

스포츠 주짓수에서 탑은 엉덩이가 바닥에 닿지 않게 서서 상대방을 공격하는 자세로 점수를 얻는 포지션을 확보하기 전에 바닥으로 갈 경우 점수를 잃는다.

[예시1] 탑에서 자신이 스스로 가드로 갈 경우

- 자신과 상대방 모두 가드인 상황(더블 가드)을 유지할 경우에는 점수 부여 없음
- 상대방이 가드에서 탑으로 포지션을 전환하고 자신은 계속 가드 상태를 유지하면 스윕 당한 것으로 인정되어 2점을 뺏김(일명 셀프 스윕)

[예시2] 탑에서 상대방에게 하체 관절기를 시도할 경우

- 하체 관절기를 시도하다가 다시 탑으로 전환한 경우 점수 부여 없음(하체 관절기로 탭을 받지 못했지만 유효하게 들어갔다는 심판의 판단이 있을 경우 어드밴티지 1을 획득할 수 있음)
- 하체 관절기를 시도하다가 자신은 가드, 상대방은 탑으로 포지션이 전환될 경우 스윕으로 인정되어 2점을 뺏김

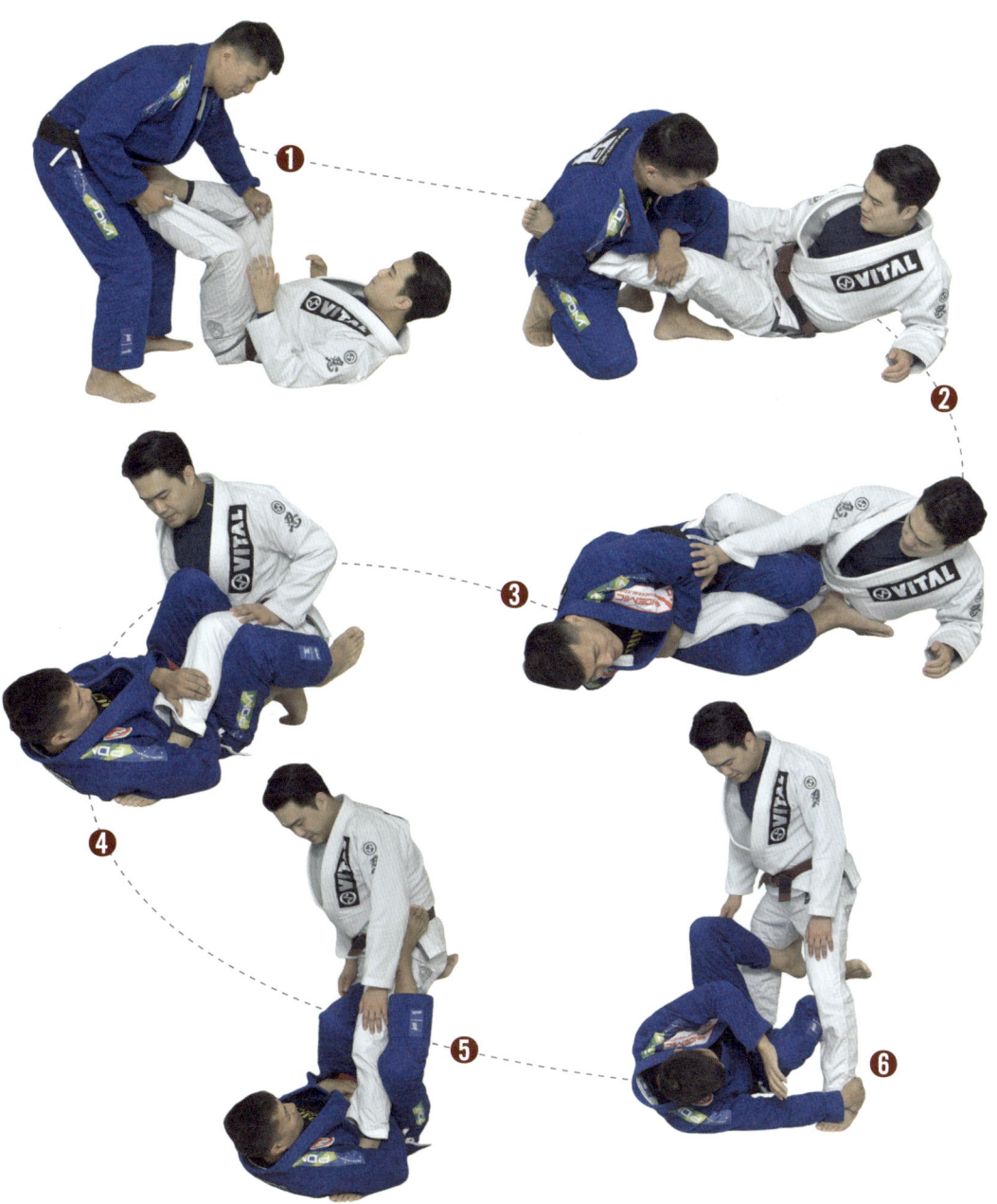

스포츠 주짓수에서 '가드'란 등이나 엉덩이가 바닥에 닿은 상황을 뜻하는 것으로서 이러한 포지션에서 탑에 있는 상대방을 바닥으로 3초 미만 스윕 했을 때 어드밴티지 1, 3초 이상으로 눕혔을 때는 2점을 획득하게 된다.
많이 혼동되는 상황을 살펴보면 다음과 같다.

[예시1] 터틀 포지션에서 서 있는 상대방을 넘겼을 경우

• 가드에서 시작하여 터틀 포지션으로 전환되면서 넘어트렸을 때는 스윕으로 인정

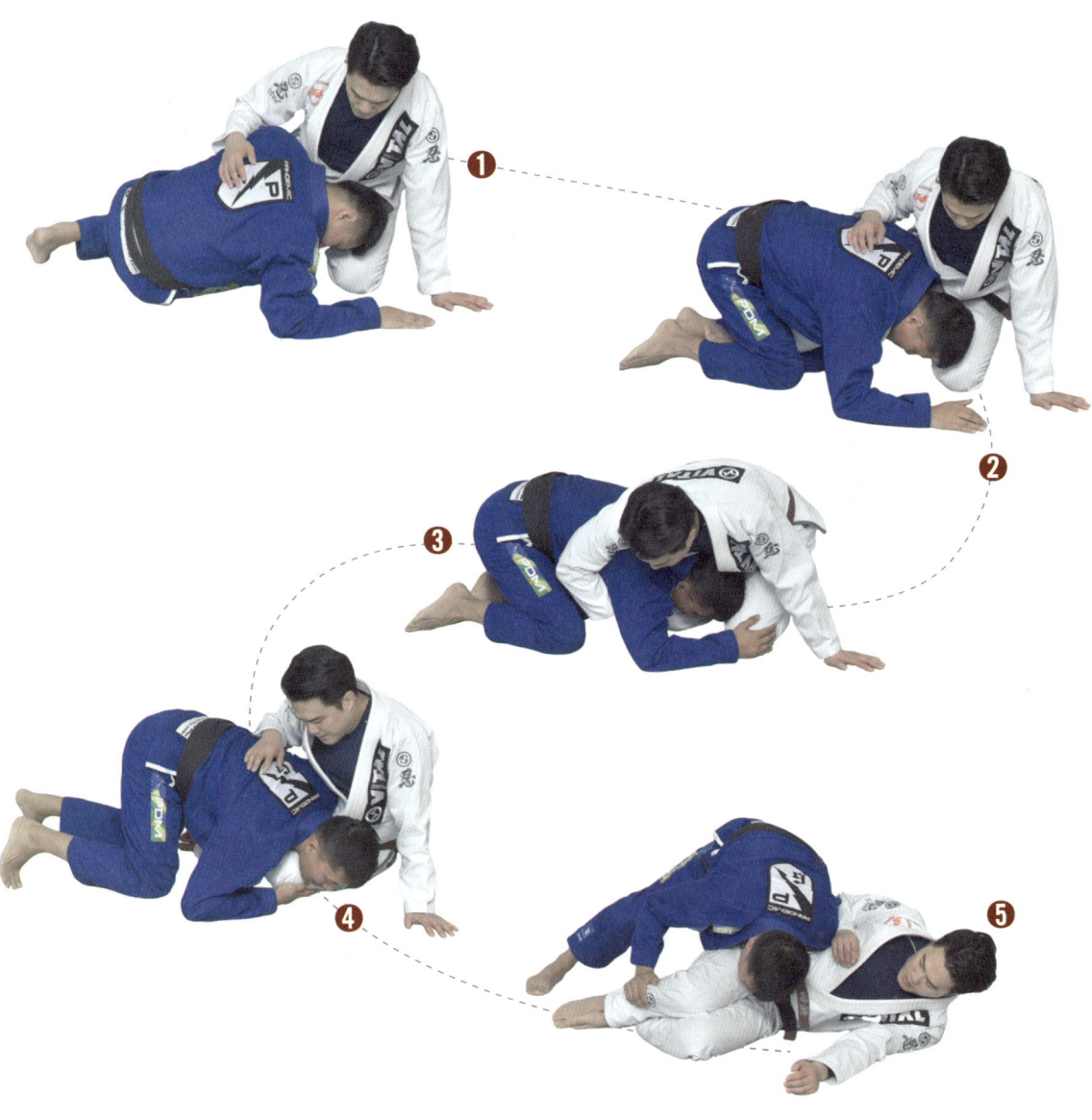

• 가드에서 시작하지 않고 터틀 포지션에서 넘어트렸을 때는 스윕으로 인정하지 않음

[예시2] 가드 패스를 당하고 있다가 스윕 했을 경우

- 상대방의 가드 패스가 진행되는 중 가드/탑 포지션이 역전되었을 때는 스윕으로 인정

• 상대방의 가드 패스가 성공하여 아래에서 압박을 당하던 중 포지션을 역전하더라도 스윕으로 인정되지 않음

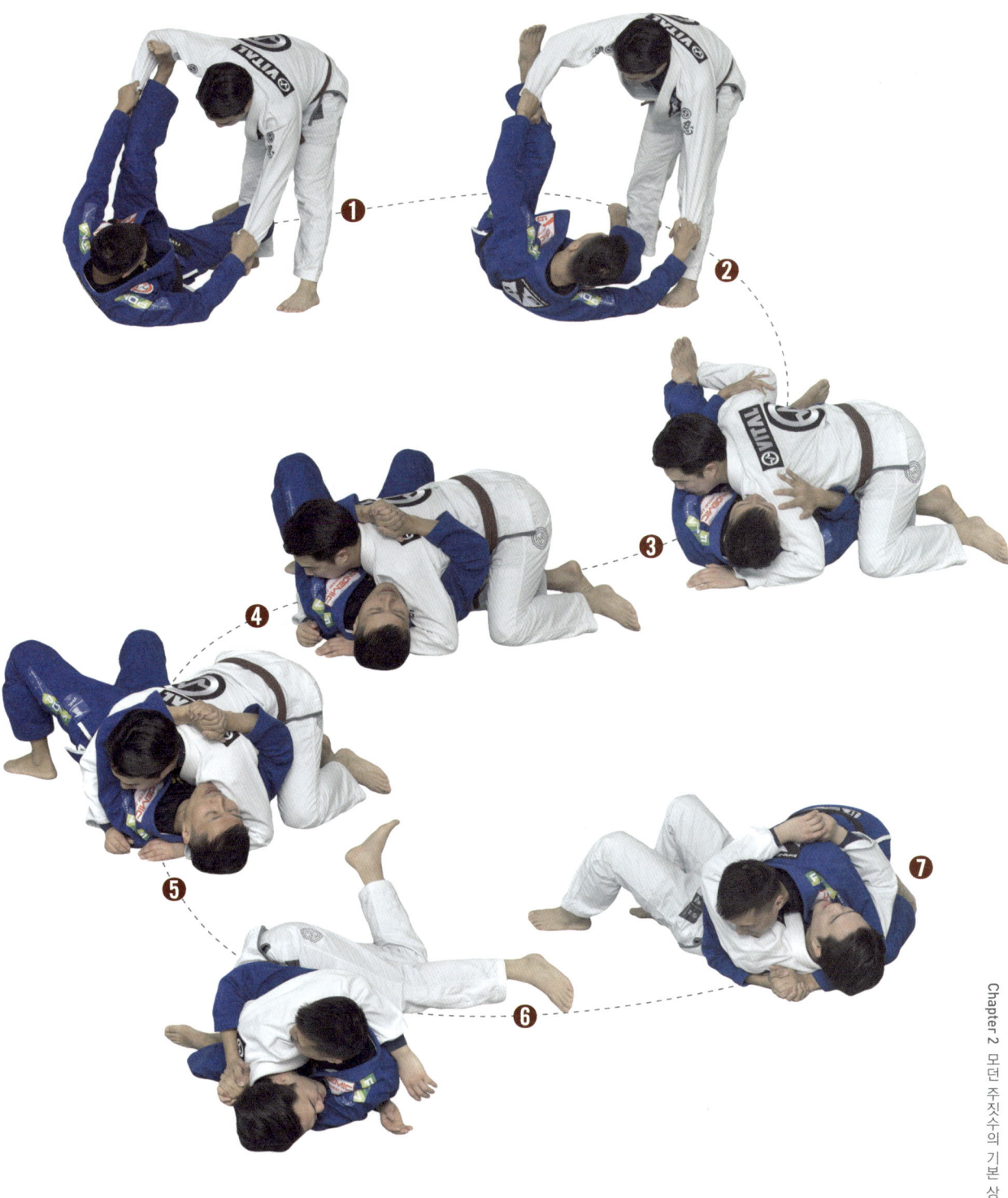

스포츠 주짓수에서 '가드 패스'란 본인이 탑 포지션에서 가드 자세를 취하고 있는 상대방의 가드를 뚫고 자신에게 유리한 포지션(사이드 포지션/탑 마운트/백 마운트)을 점유하려는 기술로서 포지션을 획득했을 때 얻는 점수와 별개로 가드 자세를 취하고 있는 상대방을 패스했을 때만 주어지는 점수이다. 가드 패스를 하지 않고 유리한 포지션(사이드 포지션/탑 마운트/백 마운트)을 점유하는 경우 가드 패스 점수를 받지 못한다.

[예시1] 가드 패스 점수가 주어지는 경우

- 자신은 탑 포지션에서 상대방의 가드 방어를 뚫고 사이드 혹은 마운트 포지션을 획득하였을 때는 3점의 가드 패스 점수가 주어짐

[예시2] 테이크다운 혹은 스윕 후 사이드 포지션을 확보했을 경우

- 테이크다운 혹은 스윕 후 상대방이 가드 자세를 취한 다음에 사이드 포지션을 확보했을 경우 3점의 가드 패스 점수로 인정

- 테이크다운 혹은 스윕 후 상대방이 가드 자세를 취하기 전에 사이드 포지션을 확보했을 경우 3점의 가드 패스 점수는 인정되지 않음

[예시3] 더블 가드에서 가드 패스 점수가 인정되지 않는 경우

- 더블가드 상황에서 상대방의 사이드 포지션을 확보했을 경우에는 탑 포지션에서 가드 패스를 하지 않았기 때문에 3점의 가드 패스 점수를 인정하지 않음

04 베림보로, 스크램블 or 도그 파이트

1. 베림보로(Berimbolo)

스포츠 주짓수에서 자신과 상대방 모두 바닥에 엉켜서 그라운드 공방을 주고받는 경우가 많다. 그중 베림보로(Berimbolo)는 특히 모던(Modern) 주짓수를 추구하는 수련자들에게 다양한 상황에서 베림보로 롤링이 응용되면서 가드 플레이의 꽃으로 떠오르고 있다.

필자가 집필한 책 「누구나 쉽게 배우는 주짓수 입문」에 실린 내용을 참조하여 베림보로를 설명하고자 한다.

주짓수계에서 가장 큰 이슈를 불러온 베림보로(Berimbolo) 기술은 시합에서의 엄청난 효과와 더불어 격렬한 논쟁의 중심에 있는데, 특히 모던(Modern) 주짓수를 추구하는 주짓수 수련자들은 절대반지와 같은 기술로 여기며, 올드 스쿨(Old School) 주짓수 수련자들은 MMA나 실전에서는 불가능한 반쪽짜리 기술로 폄하하는 경향이 있다. 베림보로를 간단히 설명하면 데라히바 가드를 잡은 상태에서 어깨를 이용해 상대의 다리 바깥으로 롤링하여 상대의 백 포지션을 점유하거나 스탠딩 상태의 상대를 스윕하는 기술이다.

베림보로의 영어 번역은 스크램블(Scramble)로서 혼전, 서로 밀치기, 앞다투기 및 쟁탈전 등의 의미인데, 시합에서 베림보로 상대의 백 포지션을 잡으려는 사람과 방어하려는 사람의 움직임을 가장 잘 묘사한 단어가 아닌가 생각된다. 베림보로를 접하는 경우 스윕 혹은 가드 패스 → 사이드 포지션 이동 → 백 포지션 점유 등 단계별로 상대를 제압하는 일반적인 주짓수 기술을 보다가 데라히바 가드에서 한 번에 상대의 백 포지션을 점유하는 베림보로 기술을 접한 경우는 격렬하게 빠져들거나 체육관 매트 위에서 밖의 할 수 없는 기술로 무시된다.

베림보로의 '실전성'에 대해 의문을 품는 올드 스쿨 주짓수 계열의 블랙벨트들은 모든 것이 허용되는 실전에서 베림보로를 시도할 경우 상대의 타격에 맞을 위험성에 대해 계속 언급해야 한다.

종합격투기나 길거리 싸움에서 바닥에 드러누워 베림보로를 사용한다면 상대의 주먹이나 발길질에 맞을 위험이 높은데, 이는 베림보로만의 문제가 아니라 주짓수에서 가드 플레이의 전반적인 약점이라 할 수 있다. 하지만 베림보로를 익숙하게 수련한다면 단언컨대 그 위력은 매트 위의 '도복 주짓수' 경기에서만큼은 절대적이라 할 수 있다.

2. 스크램블(Scramble) or 도그 파이트(Dog Fight)

누구에게도 유리하거나 불리하지 않은 중립상태의 포지션에서 유리한 포지션을 확보하기 위해 싸우는 것을 스크램블(Scramble) 혹은 그 모습이 개들이 엉켜 바닥에서 싸우는 모습과 공중전에서 비행기들이 상대방 꼬리 쪽에 위치하기 위해 움직이는 것과 유사하다고 하여 도그 파이트(Dog Fight)라고도 불리며, 더블 가드 상황에서의 기술을 총칭하는 것으로 이해하면 된다.

모던 주짓수에서는 이러한 중립 포지션에서의 공방을 중요시하기 때문에 더블 가드에서 스크램블 기술을 필수적으로 익혀야 한다.

모던 주짓수의 기본 상식-모던 주짓수 기술 테크

상대방 포지션	가드	스탠딩	가드
나의 포지션	스탠딩	가드	가드
상황별 테크닉	더블 언더 패스 오버 언더 패스 니 슬라이드 패스 토레안도 패스 X 패스 레그 드레그 패스 스택 패스 스매쉬 패스	클로즈드 가드 하프 가드 버터플라이 가드 데라히바 베림보로 리버스 데라히바 싱글렉 X 가드 더블렉 X 가드 50 / 50 가드 라펠 가드 웜 가드	스크램블 백 테이킹 크랩 라이드 베림보로 키스오브드래곤 50 / 50

JIU JITSU 알쓸신잡

주짓수를 사용하는 이유

브라질리언 주짓수를 배우는 사람이라면 잘 알고 있는 주짓수 블랙벨트 마스터 & UFC 파이터인 '데미안 마이아'가 SNS상에 남긴 얘기인데, 큰 울림이 있어 인용해본다.

데미안 마이아는 브라질리언 주짓수 월드 챔피언십(문디알) 5회 우승자 및 ADCC 우승자로 주짓수에서 큰 금자탑을 세운 블랙벨트 마스터이다.

그가 주짓수를 사랑하는 이유는 "주짓수는 상대에게 부상을 입히지 않고 당신이 싸움에서 이기게 하는 유일한 무술이다. 나는 종합격투기에서 단지 서브미션(조르기나 꺾어서 상대방을 제압하는 결정기)을 걸기 위한 틈을 만들기 위해 타격술을 사용한다. 나의 목적은 상대방을 케이오(KO)시키는데 있지 않다. 나는 나의 상대를 다치게 하고 싶지 않다. 나는 그들이 탭을 쳐서 안전하게 집으로 간 뒤에 다시 훈련에 임하기를 바랄 뿐이다."

누군가에게 '브라질리언 주짓수가 무엇인가?'를 설명하려 할 때 정의 내리기가 매번 어려웠는데 윗글을 읽는 순간 무릎을 딱 치며 공감하게 되었다.

'주짓수는 상대에게 부상을 입히지 않고 당신이 싸움에서 이기게 하는 유일한 무술이다' 가슴 깊이 새겨야겠다.

Chapter 3

클래식의 재해석, 클로즈드 가드에서 모던 주짓수 기술

01 클로즈드 가드

1. 클로즈드 가드 롤링 백 테이크

클로즈드 가드에서 상대방이 일어나려 할 때 한쪽 소매를 잡고 다른 손으로는 상대방 반대쪽 다리 깃을 잡는다. 그다음 상대방 다리 사이로 회전해 들어가며 다리 뒤로 돌아 들어간 다음 상대방의 띠를 잡고 잡아당겨 백 포지션을 잡는다.

2. 클로즈드 가드 암드래그 백 테이크

클로즈드 가드에서 상대방의 한쪽 소매를 양손으로 잡고 끌어당기다가 반대쪽으로 밀어 상대방의 몸을 기울인다. 그다음 가슴을 상대방의 어깨에 밀착시키고 상대방의 겨드랑이를 잡는다. 이후에 버티는 상대방의 무릎을 발로 밀어 중심을 무너트린 후 상대방의 등 뒤로 돌아 들어가 백 포지션을 잡는다.

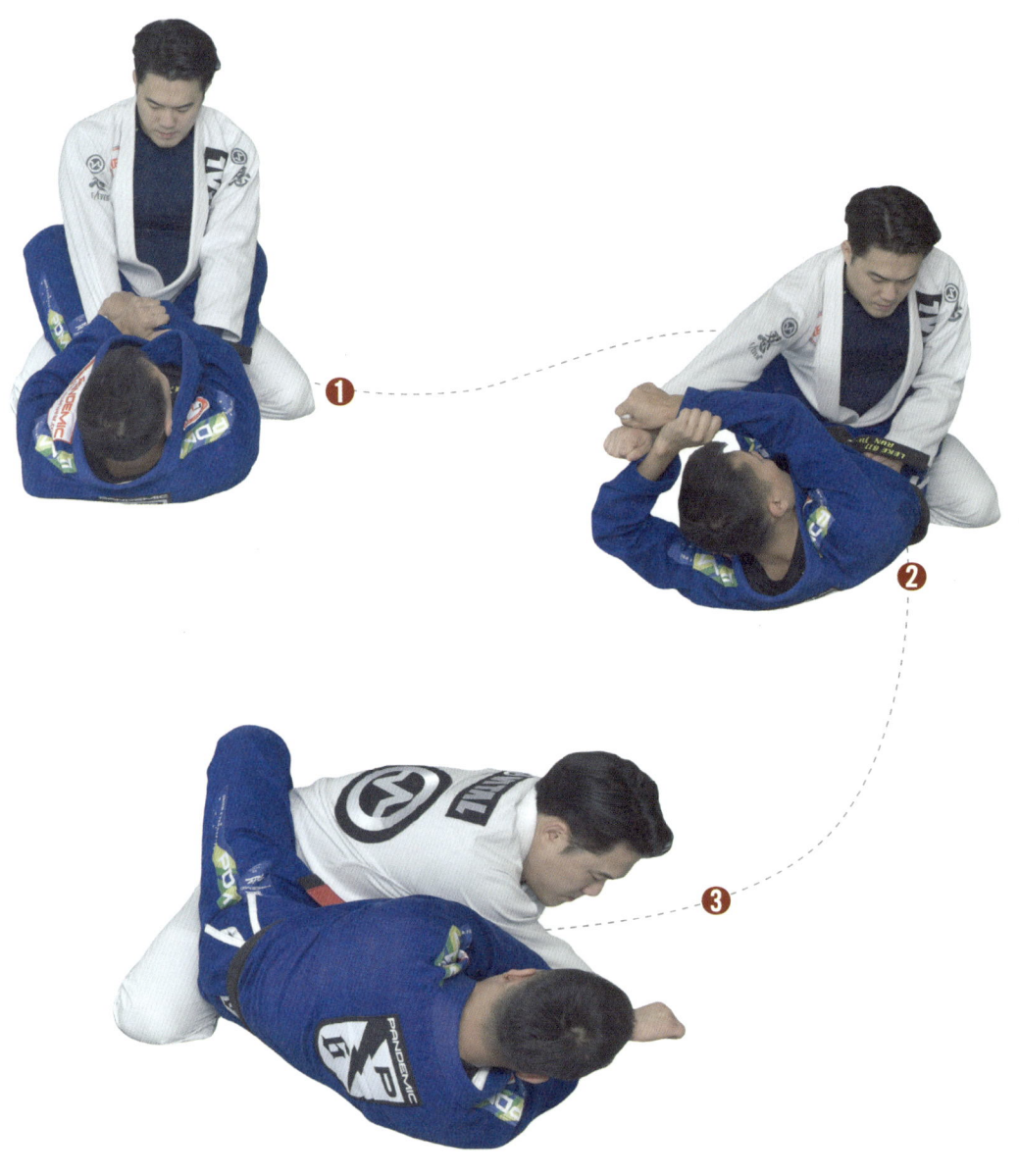

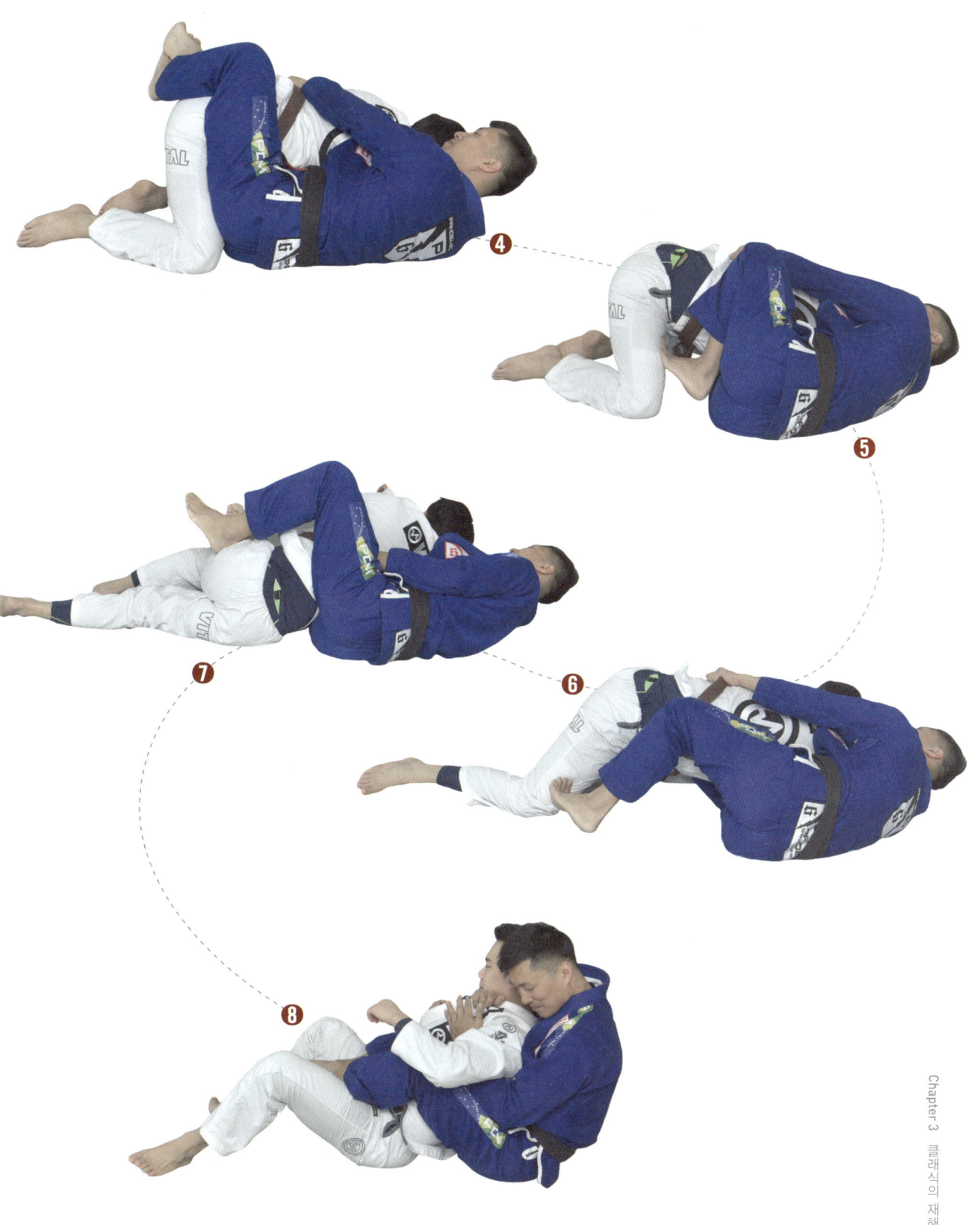

3. 클로즈드 가드에서 옥터퍼스 가드 전환

클로즈드 가드에서 상대방의 한쪽 소매를 양손으로 잡고 반대쪽으로 당기다가 자신의 머리 위로 당기면서 머리를 상대방의 겨드랑이 쪽으로 밀어 넣는다. 그다음 한 손으로 소매를 계속 잡고 있으면서 상대방의 몸쪽과 가까운 팔로 상대방의 겨드랑이를 잡으며 상대방의 몸을 감는다. 이후에 소매를 잡고 있던 손으로 겨드랑이를 잡고 다른 손으로는 목을 감으며 백 포지션을 잡는다.

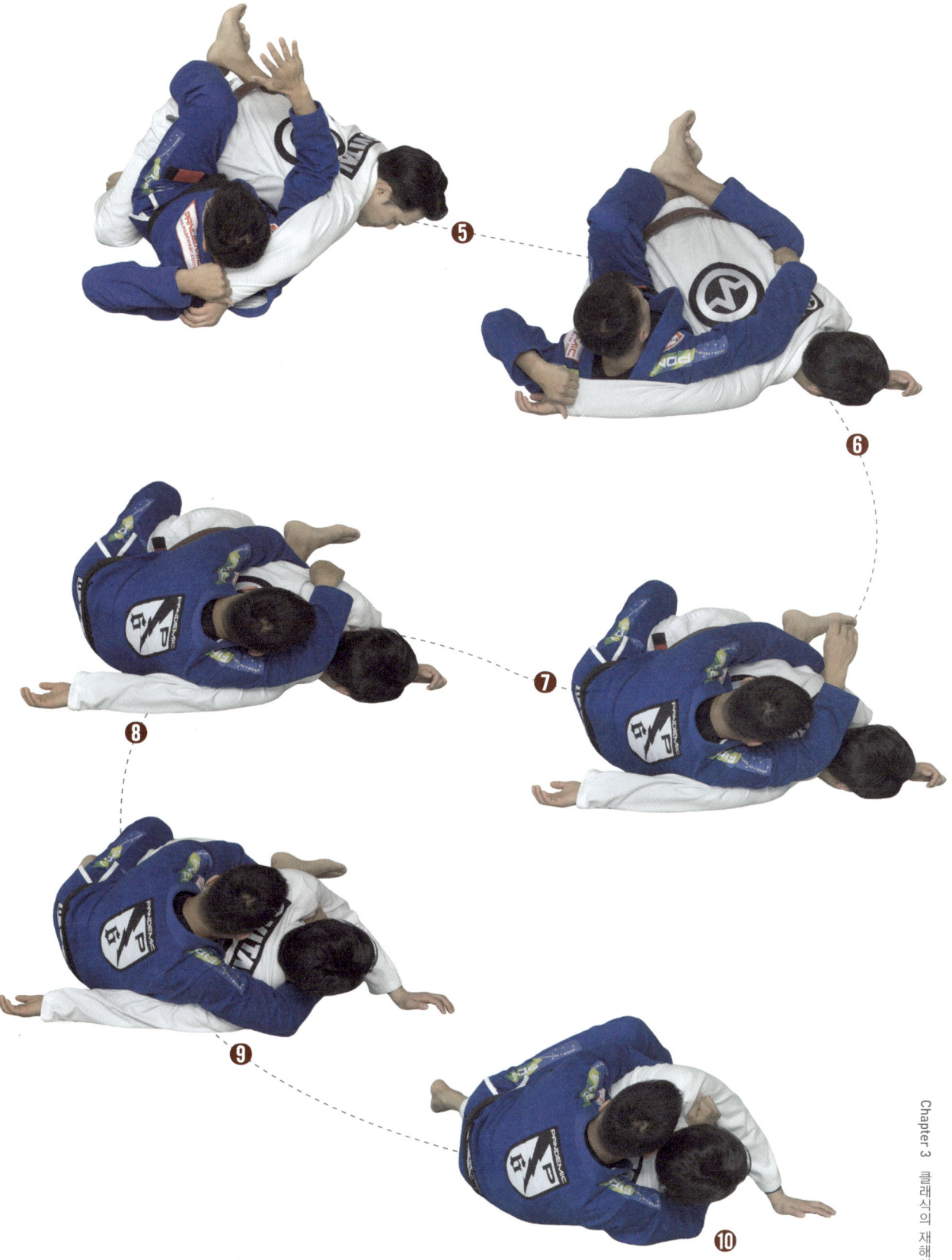

4. 클로즈드 암드래그 스윕

클로즈드 가드에서 상대방의 팔을 양손으로 잡고 반대쪽 방향으로 잡아당기며 상대방의 몸을 기울이고 팔을 상대방의 겨드랑이에 끼어 잡는다. 그다음 가슴을 상대방의 어깨에 밀착시키고 상대방의 겨드랑이를 잡는다. 이후에 버티는 상대방을 당겨서 넘어트린 후 풀 마운트 자세로 올라탄다.

Chapter 3 클래식의 재해석

63

5. 클로즈드 가드 오버 그립 백 테이킹

클로즈드 가드 상태에서 상대방을 끌어당겨 안으며 상대방의 한쪽 팔을 어깨에 올려 감는다. 그다음에 몸을 옆으로 움직이며 사이드 방향에서 클로즈드 가드(93 가드라고도 한다)를 잡는다. 그런 후에 어깨 위에 감긴 상대방의 팔을 머리 너머로 넘긴 후 상대방의 겨드랑이 쪽을 잡고 뒤로 돌아 들어가며 백 마운트를 잡는다.

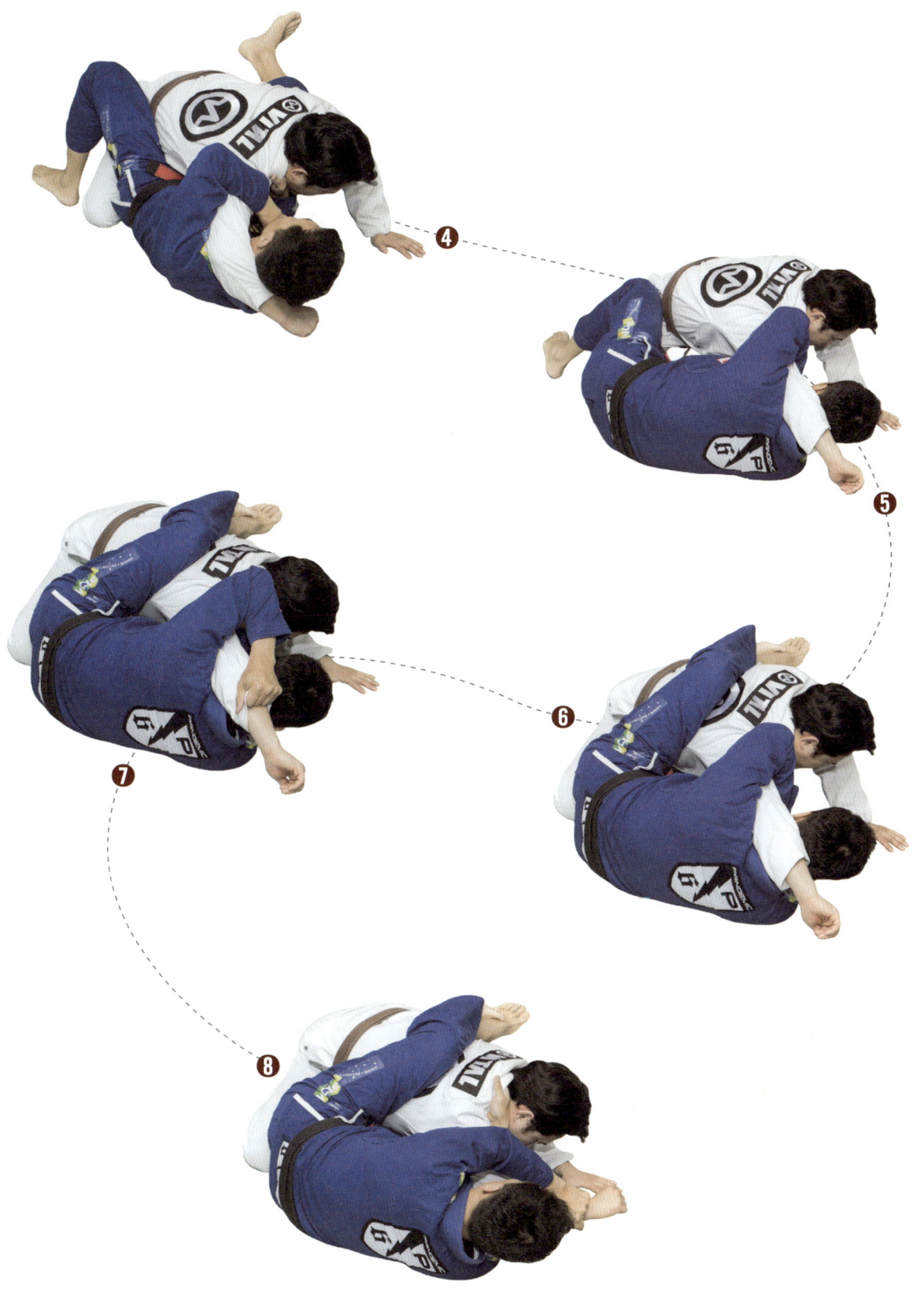

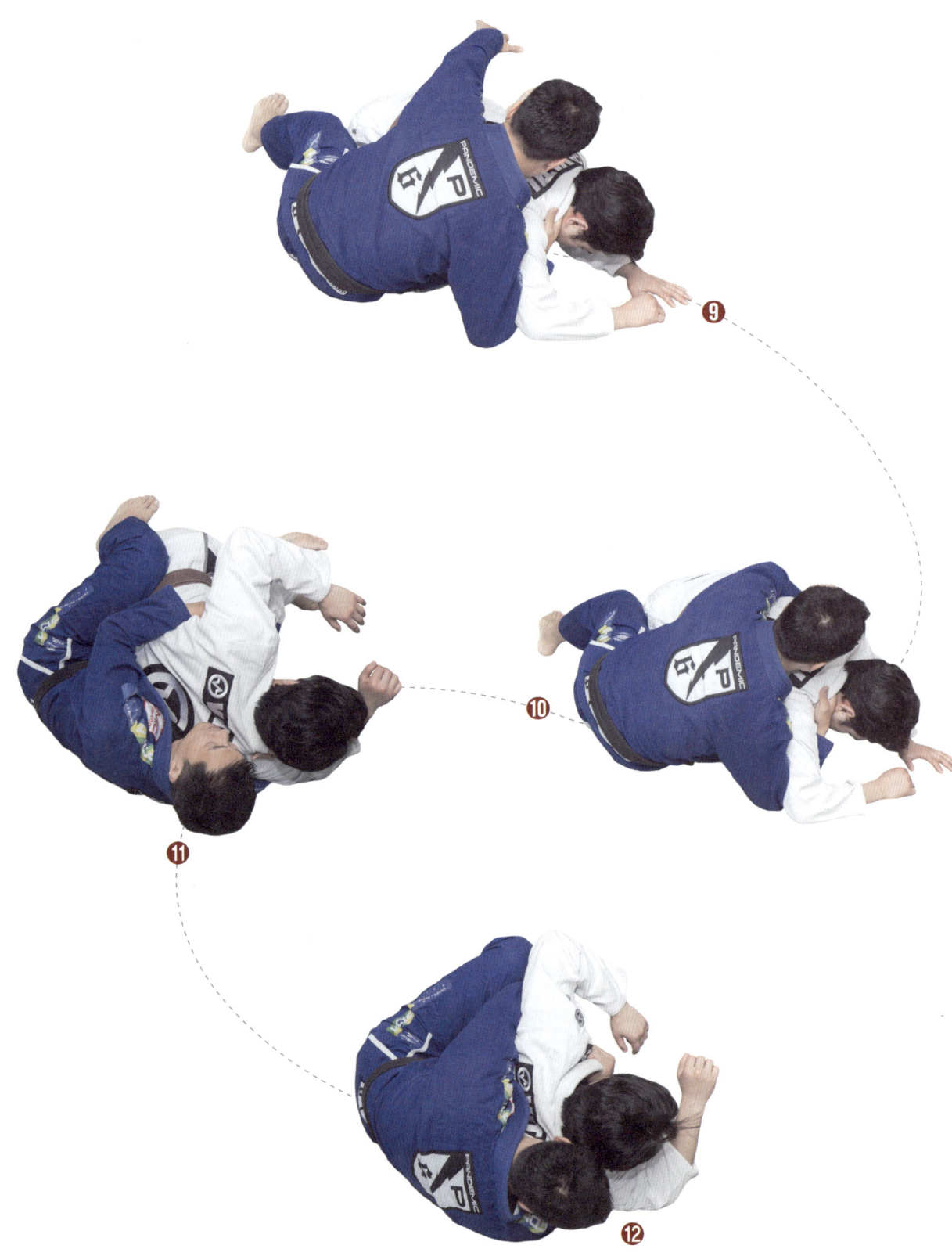

JIU JITSU 알쓸신잡

스탠딩이 없는 주짓수는 반쪽자리?

주짓수계에서 영원한 화두인 '스탠딩이 없는 주짓수'는 반쪽자리라는 글에 의견이 분분하다. 개인적으로는 '스탠딩 공방이 없는 주짓수는 반쪽자리다'란 의견과 '가드로 안전하게 플레이하는 것이 주짓수 본연의 모습이다'라는 의견 모두 옳다고 본다.(이건 뭐 황희정승도 아니고…) 다만, 주짓수 체육관 지도자들이 스탠딩 기술을 잘 지도하지 않는 이유는 다음과 같다고 생각한다.

1. 낙법을 완벽하게 연습하지 않고 스탠딩 연습시 부상의 위험이 높다.
2. 상대가 가드로 갔을 때 스탠딩 기술을 쓰기가 불가능하다.
3. 순수한 유도의 메치기, 레슬링의 태클 기술을 사용했을 때 카운터의 위험이 있다.

필자도 호쾌한 유도의 메치기 기술을 동경하여 따로 유도가에게 강습을 받은 적도 있다. 유도와 주짓수는 한 뿌리에서 갈라진 무술로 많은 부분에서 유사하다. 하지만 이러한 유도의 메치기 기술은 주짓수 룰에서는 상대방의 역습을 허용할 수 있는 위험을 내포하기 때문에 자주 사용되지 못한다. 굳이 사용하려는 경우 주짓수 룰에 특화된 방법으로 접근해야 한다.

위와 같은 이유로 상대가 가드 플레이만 즐긴다면? 분명 이러한 스타일로 주짓수 월드 챔피언이 된 선수도 많기 때문에 '틀린' 플레이 형태가 아니라 '다른' 플레이로 인정되어야 할 것이다.

주짓수를 연마하는 모든 사람이 궁극적으로 추구하는 이상적인 목표는 스탠딩/탑/가드에 모두 강한 '올라운드 플레이어'겠지만 한 부분에만 집중하는 것도 '명인'의 반열에 오르는 길이기도 할 것이다. 인생에 정답이 없듯이 주짓수에도 정답이 없다고 믿는다!

Chapter 4

모던 주짓수로 날개를 달다, 하프 가드 & 버터플라이 가드

01 하프 가드

1. 하프 가드 베이직 스윕

하프 가드 상태에서 상대방의 겨드랑이 안쪽으로 팔을 파고들어가며 상대방의 띠를 잡는다. 그다음 다리 훅을 바꾸어 걸며 무릎을 꿇고 앉으면서 무릎을 잡아당겨 넘어트리며 상대방 등 쪽으로 가드 패스한다.

2. 하프 가드 롤링 스윕

하프 가드 상태에서 상대방의 다리 안쪽으로 파고들면서 상대방의 라펠을 움켜잡는다. 그다음 겨드랑이를 파고들었던 손으로 라펠을 옮겨 잡고 다리를 교차하며 무릎을 꿇고 앉는다. 그리고 앞으로 롤링하면서 상대방을 스윕 한 후 가드 패스한다.

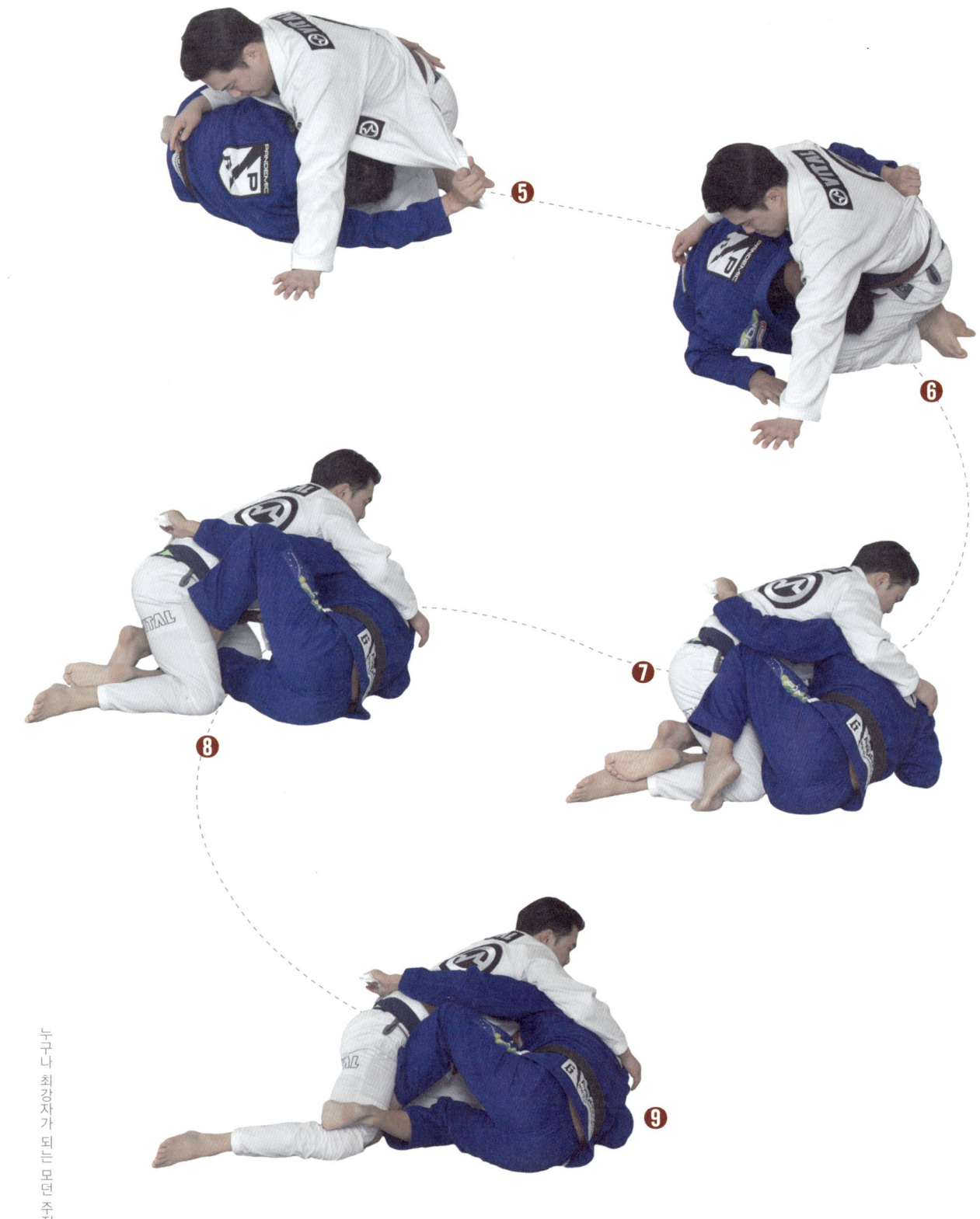

Chapter 4 모던 주짓수로 날개를 달다

75

3. 버터플라이 하프 가드

다리를 안쪽으로 감는 버터플라이 하프 가드 상태에서 상대방 목깃과 소매를 잡아당겨 몸을 기울인 다음 상대방 다리를 감아 어깨에 올리고 싱글렉 X-가드로 전환하여 스윕한다.

4. 딥 하프 가드

스탠딩 상태에서 상대방의 소매와 목깃을 잡고 누우면서 당겨서 딥 하프 가드 자세를 잡는다. 이후에 등 쪽 벨트를 잡고 다리 밑쪽으로 훅을 건 다리를 차올리면서 상대방의 등 쪽으로 돌아들어가서 백 마운트 포지션을 잡는다.

5. 딥 하프 가드 다리 훅

상대방의 다리를 감을 때 상대방의 다리 앞쪽 밑으로 넣는 것은 주로 싱글렉 X-가드 등의 자세를 잡기 위해 사용하고, 다리 뒤쪽 밑으로 넣는 것은 등 쪽으로 돌아들어 가기 위해 사용한다. 상대방이 체중이 무거울 때는 다리 밑으로 두 다리 모두 훅을 걸어 들어 올리는 것이 힘을 더 크게 작용하게 한다.

• 상대방의 다리 앞쪽으로 훅을 넣는 경우

• 상대방의 다리 뒤쪽으로 훅을 넣는 경우

• 상대방의 다리 밑으로 두 다리 모두 훅을 넣는 경우

02 버터플라이 가드

1. 버터플라이 가드 베이직 스윕

상대방의 무릎 안쪽에 훅을 건 상태에서 상대방의 팔을 암드래그로 당긴 후 상대방의 등 쪽 띠를 잡는다. 그다음 다리를 차올려서 상대방을 넘긴 후에 풀 마운트로 올라탄다.

2. 버터플라이 가드 백 테이킹

상대방의 소매를 양손으로 잡은 후에 당겨서 상대방의 어깨를 자신의 가슴에 밀착시킨 후 상대방의 등 쪽 띠를 잡는다. 그다음 몸을 옆으로 빼면서 자신의 다리를 상대방의 한쪽 다리에 감는다. 그리고 상대방의 겨드랑이를 잡아당기며 백을 잡는다.

3. 버터플라이 X-가드

다리를 안쪽으로 감는 버터플라이 하프 가드 상태에서 상대방 목깃과 소매를 잡아당겨 몸을 기울인 다음 상대방 다리를 감아 어깨에 올리고 더블렉 X-가드로 전환하여 스윕 한다.

4. 버터플라이 X-가드 훅 종류

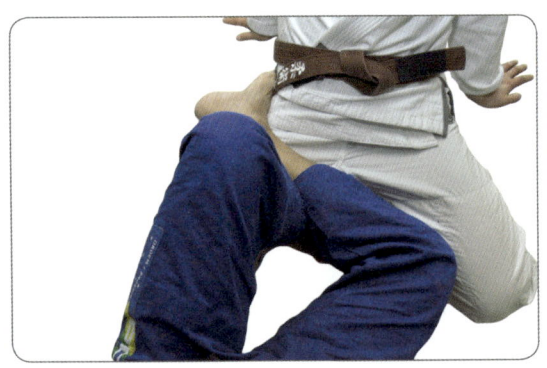
• 일반적인 더블렉 X-가드를 세팅하기 위한 훅

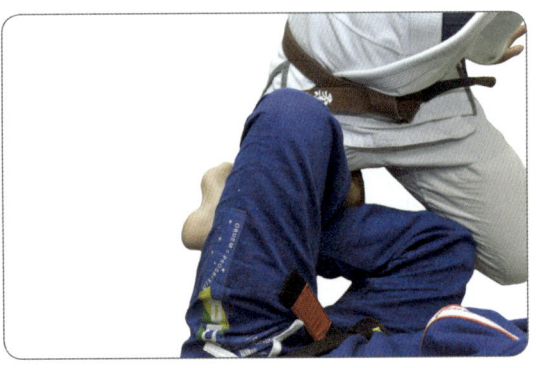
• 상대 다리 안쪽으로 훅을 감으며 롤링하기 위한 훅

JIU JITSU 알쓸신잡

도복(기)와 비도복(노기) 호환 가능한 기술 수련의 필요성

주짓수를 수련하는 초보자들이 겪는 고충 중에 기 수련에 집중했더니 노기 수업 때 쓸 기술이 없다는 말을 종종 듣는다.

유도와 레슬링의 차이만큼이나 다른 형태의 주짓수를 수련하면서 발생하는 현상인데, 역설적으로 주짓수는 도움이 된다면 어떠한 형태의 무술 방식도 접목할 수 있다는 실용성이 필요하다는 것과 일맥상통한다.

기와 노기 수련을 병행하면 규칙이 서로 다른 상황에서도 주짓수가 얼마나 강력하게 사용될 수 있는지 체감하게 되므로 병행 수련을 강력히 추천한다.

5. 버터플라이 X-가드 백 테이킹

버터플라이 가드 상태에서 X-가드 훅을 한쪽 다리에 감고 다른쪽 다리를 손으로 감으며 안쪽으로 파고든다. 그다음 손으로 띠를 움켜잡고 머리를 다리 뒤쪽으로 뺀다. 그리고 상대방의 양쪽 오금에 훅을 걸고 띠를 잡아당기며 백을 잡는다.

6. 버터플라이 2 on 1 훅 종류

• 일반적인 2 on 1 훅 스타일로 몸쪽으로 파고드는 싱글렉 X-가드 전환에 쓰이는 기술

• 리버스 X-가드, 웨이터 가드, 50/50 가드 전환에 쓰이는 기술

• 상대방 정강이쪽에서 파고드는 싱글렉 X-가드 전환에 쓰이는 기술

7. 버터플라이 2 on 1 훅 백 테이킹

2 on 1 훅에서 안쪽 다리를 상대방 무릎에 올린 후 한쪽 다리에 리버스 X-가드로 전환한다. 그다음 상대방의 띠를 잡고 머리가 몸 뒤쪽으로 빠진 후에 백을 잡는다.

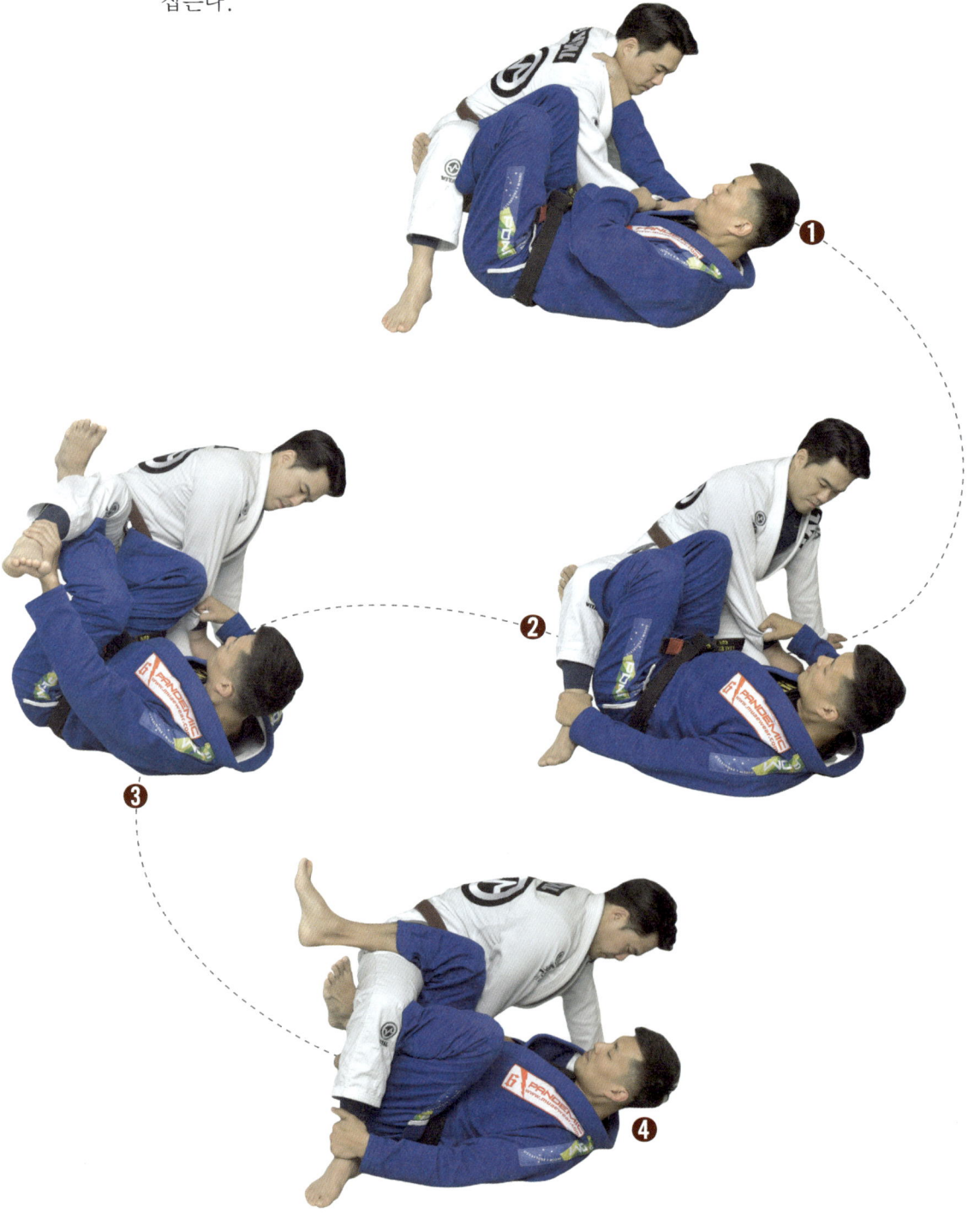

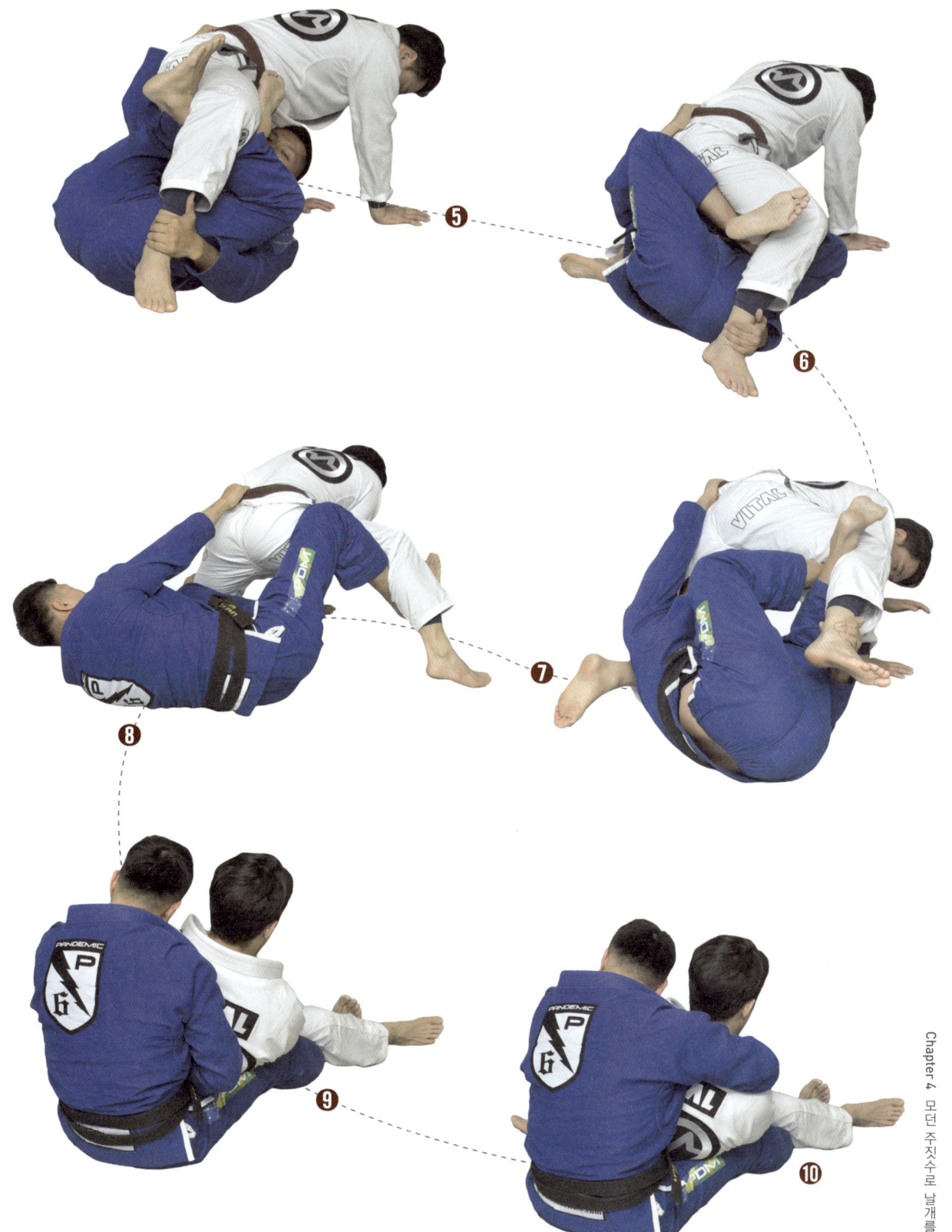

Chapter 4 모던 주짓수로 날개를 달다

93

8. 버터플라이 2 on 1 훅 웨이터 가드

2 on 1 훅에서 바깥쪽 다리를 상대방 무릎에 올린 후 상대방 무릎에 다리를 감는다. 그다음 상대방의 다리를 팔로 감고 스윕한다. 만약 베림보로 롤링을 통해 백을 잡으려는 경우 감은 다리를 풀지 않은 상태에서 상대방 다리 안쪽으로 롤링하며 상대방의 백을 잡는다.

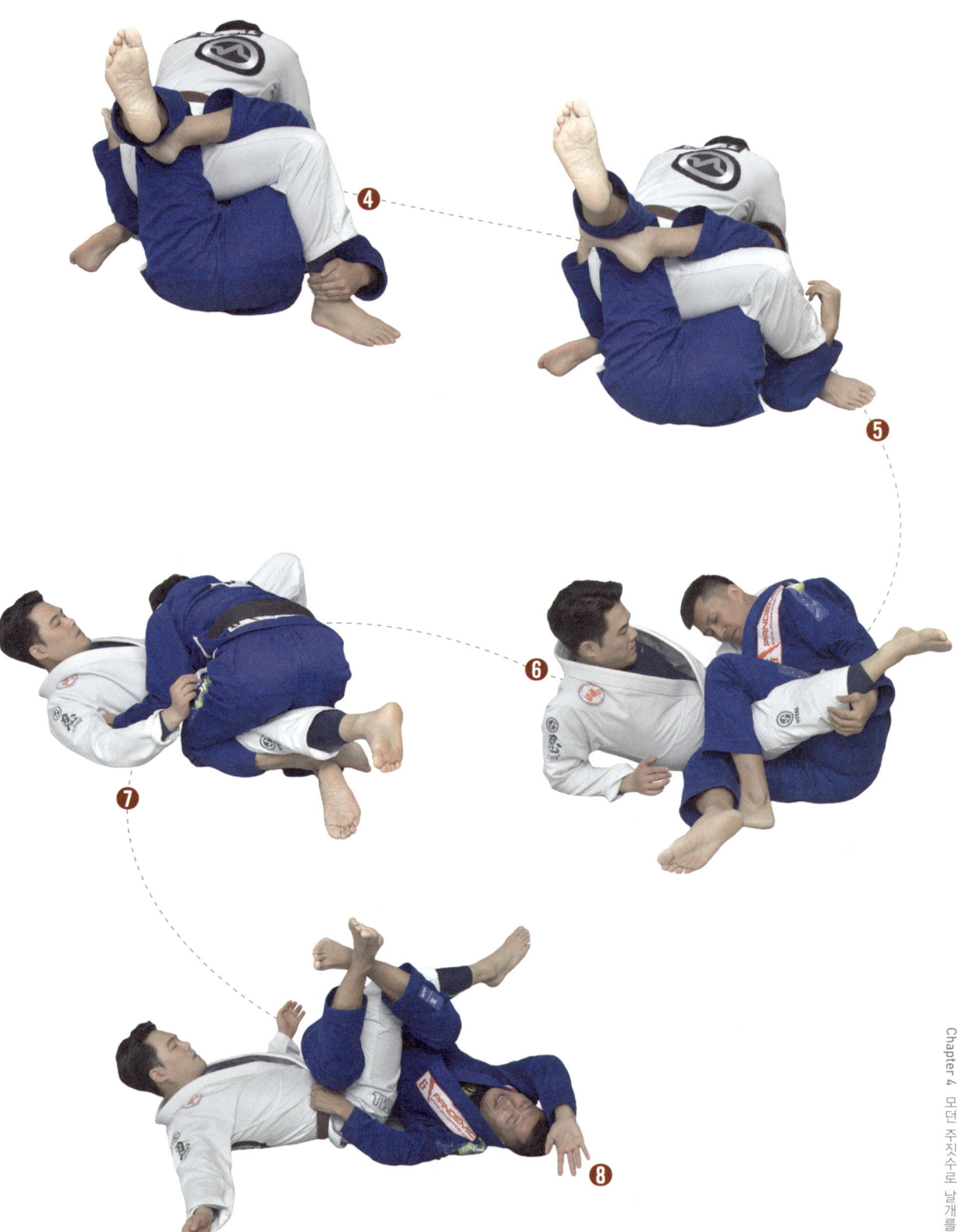

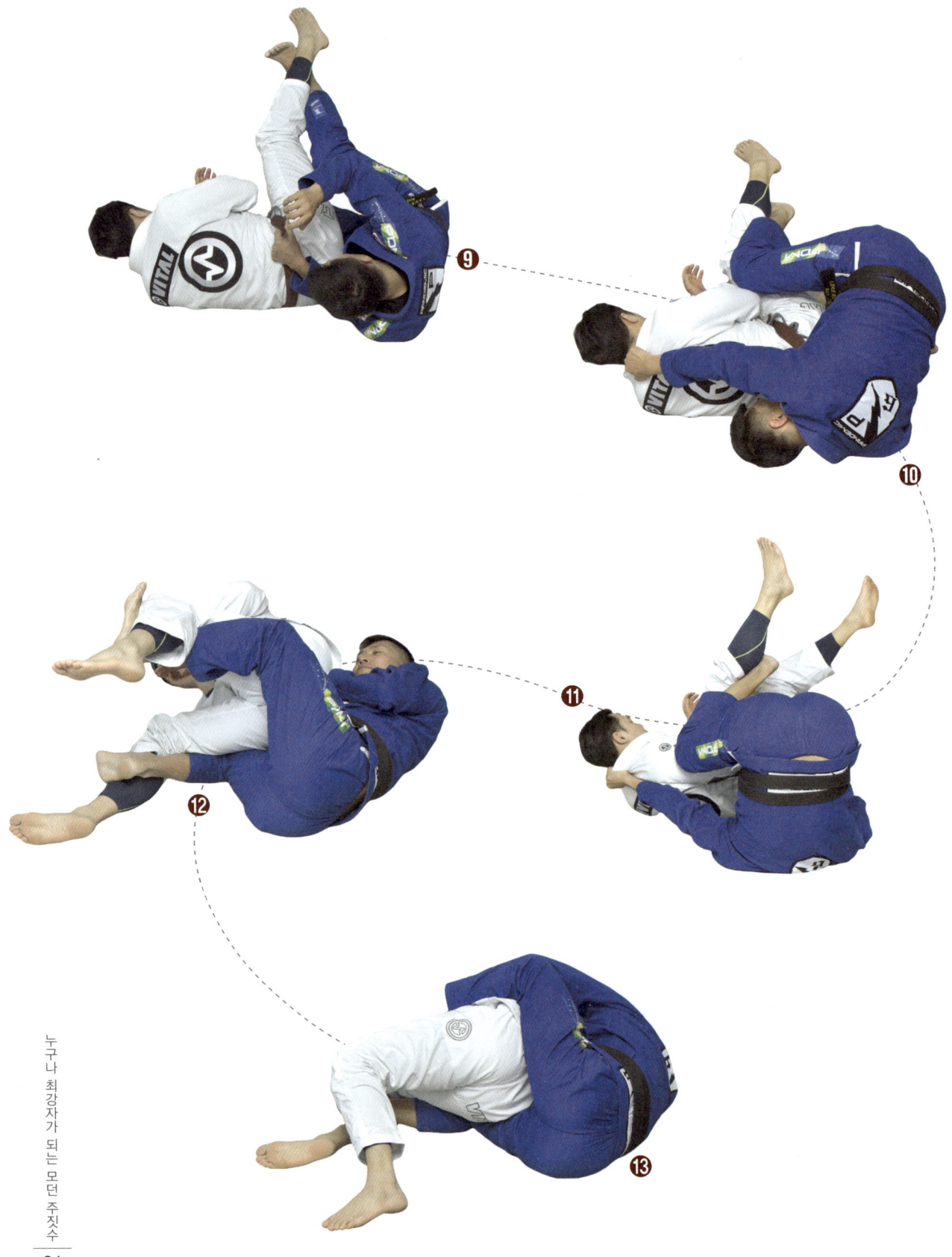

유도 혹은 레슬링? 주짓수에서 테이크다운(Takedown)이란?

테이크다운은 스탠딩 상태에서 상대를 그라운드로 당기거나 넘겨서 엉덩이 혹은 등을 바닥에 닿게 하는 기술로 주짓수뿐만 아니라 유도, 레슬링에서도 중요한 기술이다.
주짓수에서의 테이크다운은 레슬링과 유도의 테이크다운이 혼합된 형태라 볼 수 있다.
주짓수 룰의 특성상 주짓수 수련자 중 테이크다운 상황 자체를 피하며 시작과 동시에 가드로 가는 사람도 많고, 주짓수는 가드 플레이가 주짓수의 정수이자 본연의 모습이라 주장하는 경우도 많지만 엘리트 레슬러나 유도선수들이 주짓수로 유입되면서 스탠딩부터 상대를 압박하여 유리함을 가져가고자 테이크다운을 연마하는 사람들도 늘어나고 있다. 그러나 테이크다운 시도 시 상대방으로부터 카운터 및 서브미션을 당할 수 있음으로 순수한 유도나 레슬링 기술과는 다른 방식의 접근이 필요하다.
유도의 테이크다운 기술은 강력하지만 무게중심이 너무 높아 다리를 쉽게 잡힐 수 있는 위험성을 내포하고 있다. 레슬링 특히 자유형 레슬링은 무게중심이 너무 낮아 도복을 입고하는 주짓수의 경우 상대에게 도복깃을 잡혀 앞으로 내동댕이쳐지거나 도복깃에 걸려 막힐 수 있음으로 유도나 레슬링 경기에서 나오는 것처럼 깔끔한 기술은 나오지 못한다.
만약 상대가 나보다 테이크다운 실력이 약해보인다면 상대를 넘어트리고 반대의 경우라면 빨리 셀프가드로 가는 것도 답이 될 것이다.
상황에 따라 테이크다운이나 셀프 가드로 유연하게 가면 된다. 모로 가나 산으로만 가면 되는… 주짓수의 이 넓은 유연성!

Chapter 5

모던 주짓수의 정석, 데라히바 가드

01 데라히바 싯업 가드

1. 데라히바 싯업 가드(바깥쪽 다리 감기)

데라히바 가드에서 무릎을 견제하는 다리를 밀면서 일어나 앉는다. 이후에 소매를 잡고 있는 팔을 다리 안으로 밀어 넣으며 발목을 잡고 있던 손으로 소매를 바꾸어 잡는다. 그다음 다리를 S마운트 자세로 바꾸며 손으로 바닥을 짚고 무릎을 꿇고 일어난다. 마지막으로 상대방의 무릎을 잡고 일어나며 상대방을 넘어트린다.

Chapter 5 모던 주짓수의 정석

2. 데라히바 싯업 가드(안쪽 다리 감기)

데라히바 싯업 가드를 잡은 후에 안쪽 다리로 상대방의 다리를 감은 후에 바닥을 짚는다. 그다음 일어나며 상대방을 넘어트린 후에 가드 패스한다.

02 | 데라히바 X-가드

1. 데라히바 X-가드 백 테이킹

데라히바 훅을 건 다리를 바깥으로 회전하면서 안쪽으로 깊숙이 훅을 걸어 X-가드 형태의 훅 모양을 만든다. 이후에 소매깃을 바꾸어 잡으며 상대방의 바지 뒤쪽을 잡는다. 그다음 다리 훅을 상대방 오금에 걸면서 잡아당겨 상대방의 등을 잡는다.

⑨

⑩

⑪

⑫

⑬

Chapter 5 모던 주짓수의 정석

107

2. 데라히바 X-가드 스윕

데라히바 X-가드를 잡은 상태에서 발목을 잡은 손으로 소매를 바꾸어 잡고 다른 손으로는 상대방의 등 쪽 띠를 잡는다. 이후에 상대방을 당기며 바닥으로 넘기며 몸을 일으켜 스윕한다. 그다음 레그 드래그 자세를 잡으며 사이드 포지션을 잡는다.

3. 데라히바 X-가드 베림보로

데라히바 X-가드 스윕에서 상대방을 바닥으로 넘긴 다음 베림보로 롤링을 돌며 상대방의 등 쪽으로 이동한다. 이후에 상대방 목 뒷깃을 잡고 일어나며 프런트 마운트 자세를 잡는다.

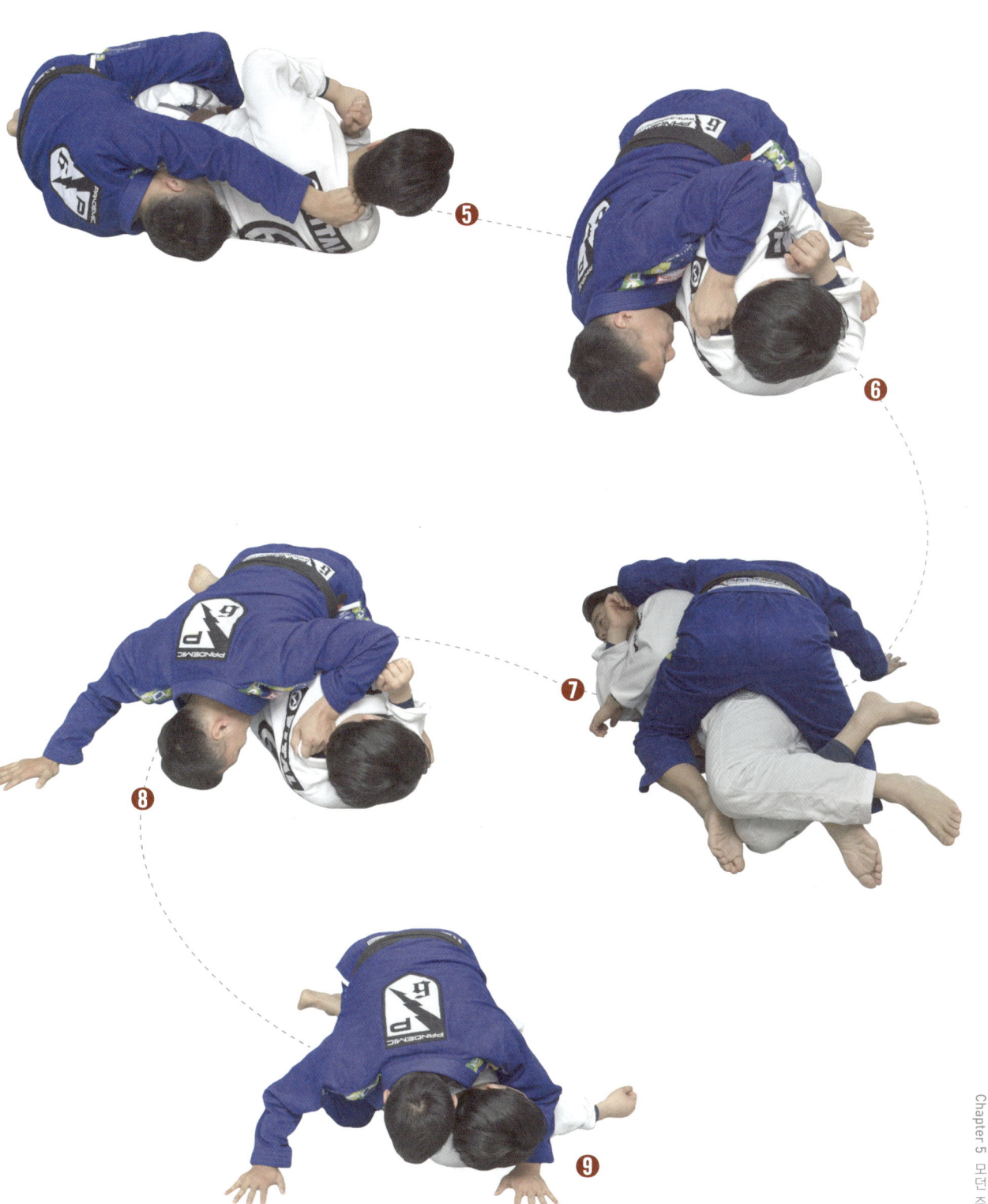

Chapter 5 모던 주짓수의 정석

111

4. 리버스 데라히바 스윕

데라히바 자세에서 엉치에 대고 있던 발을 안쪽으로 훅을 걸면서 팔을 발목에 감는다. 그리고 스파이더 그립을 잡고 상대방과의 공간을 벌리면서 다리 쪽 안으로 파고들며 등 쪽으로 이동한다. 그다음 상대방의 벨트 혹은 바지 뒤쪽을 붙잡고 상대방의 오금에 발을 걸어 밀면서 백을 잡는다.

5. 리버스 데라히바 그립 종류

리버스 데라히바 그립 종류에는 엉덩이에 발을 딛는 그립, 스파이더 그립, 라쏘 그립, 칼라 그립, 그리고 발목을 잡는 맨티스 그립이 있다.

• 라쏘 그립

• 맨티스 그립

• 스파이더 그립

• 칼라 그립

• 힙에 발을 딛는 그립

6. 리버스 데라히바 롤링 스윕

리버스 데라히바를 잡은 상태에서 상대방이 방어를 위해 엉덩이를 바닥에 대고 주저앉은 경우 인버티드 롤링으로 상대방 다리 밑으로 회전한 다음 한쪽 다리에 X 모양의 훅을 건다. 그다음 상대방의 다리를 들어 올리며 스윕한다.

Chapter 5 모던 주짓수의 정석

117

주짓수 운동시 조심해야 할 무릎 부상

주짓수를 수련할 때 조심해야 할 중요 부상 중 하나인 무릎 부상에 대해 알아보자.

걷거나 달릴 때 받는 충격을 완충시키는 무릎은 인체 중 가장 중요하면서도 자주 부상을 당할 수 있는 관절이기도 하다. 무릎 부상을 일으키는 원인으로는 근육의 유연성이 없을 경우 혹은 과도한 달리기, 점프 등에 의한 충격, 그리고 야구선수, 축구 선수처럼 빠르게 움직이다가 급격하게 방향을 전환할 때와 태클 등으로 크게 나누어 볼 수 있다.

특히 빠르게 달리다 급격하게 방향을 틀거나 태클의 위험에 노출된 축구선수는 무릎 부상이 잦다. 예전에 박주영 선수가 기도 골 세리머니를 하던 도중 동료들이 올라타 무릎을 다쳤고, 박지성은 무릎 수술 후유증 때문에 고생하기도 했다고 한다.

무릎 부상의 통증은 정강이뼈와 허벅지 뼈처럼 단단하고 2개의 큰 뼈가 맞닿기 때문에 문제가 발생하면 견딜 수 없을 정도로 통증이 따른다. 야구 선수들도 수비 도중 베이스를 향해 달려오는 상대방의 발에 부딪쳐서 무릎에 큰 부상을 많이 입는다.

주짓수 수련자의 관점에서 무릎 부상은 어떠한 상황에서 생기는지 알아보자.

오버훅(Overhook) 혹은 니 리핑(Knee Reaping)이라는 자세, 즉 상대의 다리가 자신의 다리 바깥에서 안쪽으로 감겨올 때 주로 발생한다. 이러한 위험으로 인해 대부분의 주짓수대회에서는 오버훅(Overhook) 혹은 니 리핑(Knee Reaping)을 금지시키며 해당 동작이 발생하였을 때 가벼운 경우(Serious Foul)는 페널티를 주거나 중대한 경우(Severe Foul)는 실격패를 선언한다.

다음은 IBJJF에서 규정한 니 리핑(Knee Reaping) 반칙에 대한 설명 사진을 참조하면 된다. 몸 중앙선을 기준으로 상황별 설명이 되어 있다.

특히 힐 훅(Heel Hook) 같은 기술은 대부분의 주짓수 대회에서는 금지되어 있으나 ADCC나 MMA 경기에서는 허용되고 있기 때문에 무릎 인대가 끊어지는 큰 부상이 종종 발생한다. 부상 없이 안전하게 주짓수를 즐기기 위해서는 이러한 무릎 부상을 발생시키는 자세들은 본인이 시도하지도, 당하지도 않게 조심해야 한다.

Serious Foul

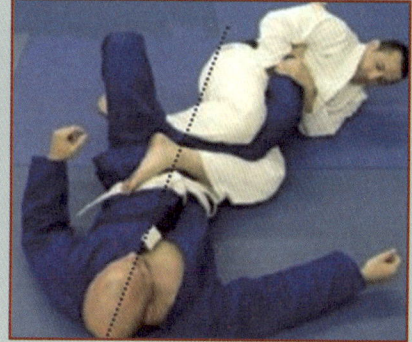
Severe Foul

P.S.
주짓수 대회 심판을 종종 보면서 니 리핑(Knee Reaping)으로 인한 실격패가 간혹 발생한다. 실격 당하는 선수들은 대부분 억울하다는 반응이 많은데, 심판의 입장에서 상대방이 무릎을 크게 다칠 위험이 있어 즉시 중지시키고 실격패를 선언하는 것이므로 상대의 안전 및 본인의 실격패 위험을 피하기 위해서라도 항상 조심해야 할 것이다.

Chapter 6

모던 주짓수의 꽃, 베림보로

베림보로란?

MMA스토어 제공

필자가 집필한 책 「누구나 쉽게 배우는 주짓수 입문」에 실린 내용을 참조하여 베림보로를 설명하고자 한다.

주짓수계에서 가장 큰 이슈를 불러온 베림보로(Berimbolo) 기술은 시합에서의 엄청난 효과와 더불어 격렬한 논쟁의 중심에 있는데, 특히 모던(Modern) 주짓수를 추구하는 주짓수 수련자들은 절대반지와 같은 기술로 여기며, 올드스쿨(Old School) 주짓수 수련자들은 MMA나 실전에서는 불가능한 반쪽짜리 기술로 폄하하는 경향이 있다. 베림보로를 간단히 설명하면 데라히바 가드를 잡은 상태에서 어깨를 이용해 상대의 다리 바깥으로 롤링하여 상대의 백 포지션을 점유하거나 스탠딩 상태의 상대를 스윕하는 기술이다. 베림보로의 영어 번역은 스크램블(Scramble)로서 혼전, 서로 밀치기, 앞다투기 및 쟁탈전 등의 의미인데, 시합에서 베림보로 상대의 백 포지션을 잡으려는 사람과 방어하려는 사람의 움직임을 가장 잘 묘사한 단어가 아닌가 생각된다.

베림보로를 접하는 경우 스윕 혹은 가드패스 →사이드 포지션 이동 →백 포지션 점유 등 단계별로 상대를 제압하는 일반적인 주짓수 기술을 보다가 데라히바 가드에서 한 번에 상대의 백 포지션을 점유하는 베림보로 기술을 접한 경우 격렬하게 빠져들거나 체육관 매트 위에서 밖의 할 수 없는 기술로 무시된다. 베림보로의 '실전성'에 대해 의문을 품는 올드스쿨 주짓수 계열의 블랙벨트들은 모든 것이 허용되는 실전에서 베림보로를 시도할 경우 상대의 타격에 맞을 위험성에 대해 계속 주의시켜야 한다.

종합격투기나 길거리 싸움에서 바닥에 드러누워 베림보로를 사용한다면 상대의 주먹이나 발길질에 맞을 위험이 높은데, 이는 비단 베림보로만의 문제가 아니라 주짓수에서 가드 플레이의 전반적인 약점이라 할 수 있다. 하지만 베림보로를 익숙하게 수련한다면 단언컨대 그 위력은 매트 위의 '도복 주짓수' 경기에서만큼은 절대적이라 할 수 있다.

모던 주짓수의 꽃, 베림보로-베림보로 기술테크

상황 흐름	백 마운트 잡으려 할 때	탑 포지션으로 전환	서브미션 캐치
상황별 스크램블 테크닉	레그 훅 (Leg Hook) 트위스터 훅 (Twister Hook) X 훅 (X Hook) 락 다운 (Lock Down) 트럭 포지션 (Truck Position) 크랩 라이드 (Crab Ride)	레그 드레그 (Leg Drag) 오버 언더 패스 (Over Under Pass) 사이드 마운트 (Side Mount) 풀 마운트 (Full Mount) 카운터 가드 패스 (Counter Guard Pass)	암바 (Armbar) 트라이앵글 초크 (Triangle Choke) 오모플라타 (Omoplata) 토홀드 (Toehold)

01 베림보로 훅

1. 베림보로 레그 훅

2. 베림보로 X-훅

3. 베림보로 트위스터 훅

4. 베림보로 트럭 포지션 훅

02 베림보로 테크닉

1. 베림보로 기본 엔트리

데라히바 가드에서 상대방의 벨트를 잡아 몸을 띄운 후에 옆으로 쓰러트린 다음 상대방 몸쪽으로 인버티드 롤링을 하면서 상대방 엉덩이 쪽으로 파고든다.

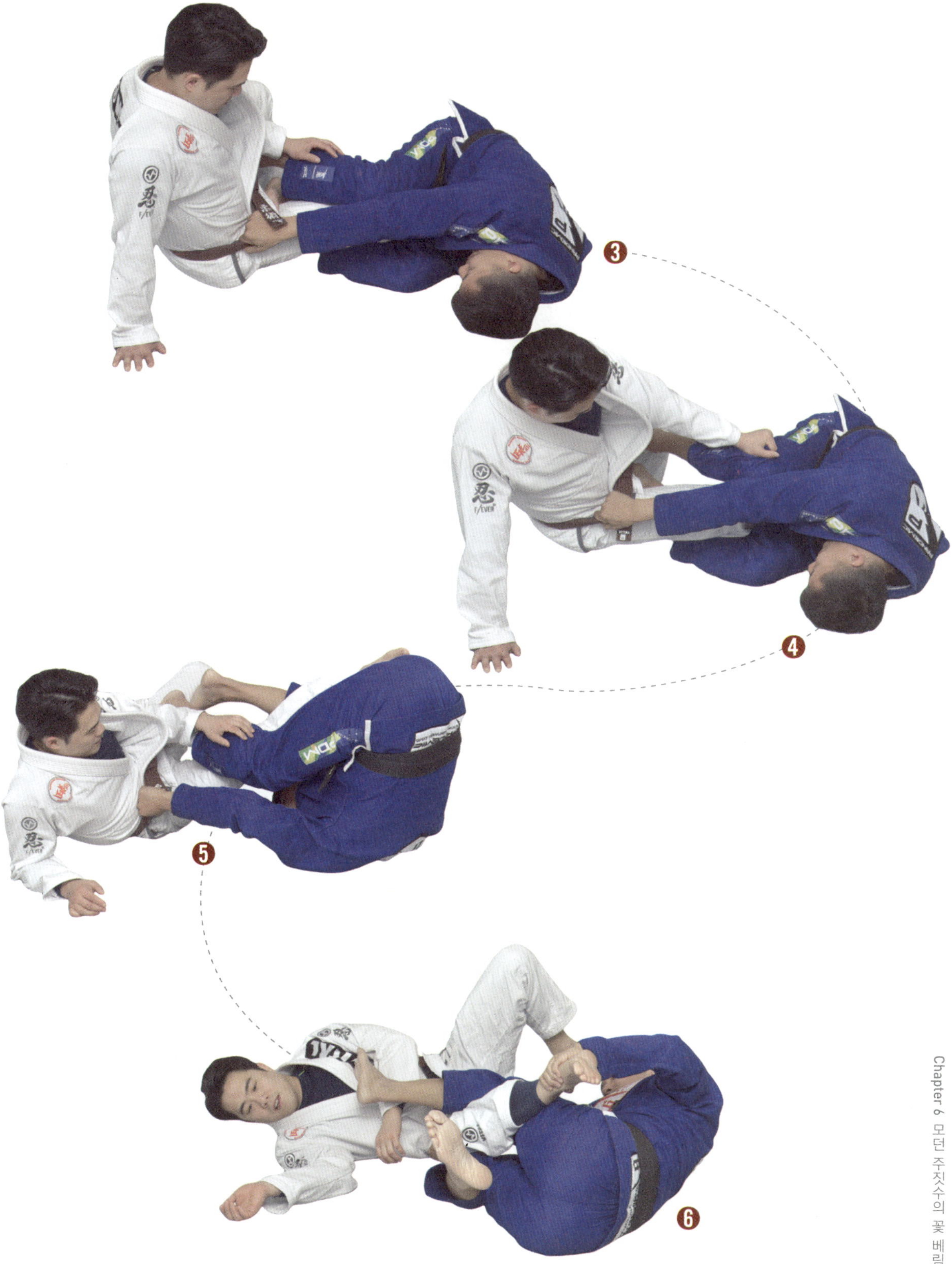

Chapter 6 모던 주짓수의 꽃 베림보로

127

2. 베림보로 레그 드래그

베림보로 기본 엔트리 자세에서 반대쪽 다리를 잡아당기며 상대방의 몸을 돌린다. 그다음 레그 드래그 자세를 취하며 반대쪽으로 다리를 바꾸면서 등 쪽으로 이동한다.

3. 베림보로 레그 드래그 (반대쪽)

베림보로 레그 드래그 자세에서 다리를 잡아당길 때 상대방이 버티면 반대쪽으로 인버티드 롤링을 하며 상대방의 등 쪽으로 돌아 들어간 후에 등 쪽으로 이동한다.

4. 베림보로 가드 패스

베림보로 레그 드래그 자세에서 상대방의 다리를 들어 올리며 상대방의 다리를 타고 일어난 후 다리를 바꾸며 사이드 포지션을 잡는다.

5. 베림보로 롤링 사이드 포지션 잡기

베림보로 중에 얽은 다리가 풀렸을 때 반대쪽 어깨로 이동하며 두 다리를 상대방의 몸 위로 넘겨서 반대쪽 사이드 포지션을 잡는다.

6. 베림보로 롤링 풀 마운트 포지션 잡기

베림보로 중에 얽은 다리를 유지한 상태에서 반대쪽 어깨로 이동하며 다른쪽 다리를 상대방의 몸 위로 넘기며 상대방의 두 다리를 감으며 풀 마운트 포지션을 잡는다.

7. 베림보로 백 테이크

베림보로 후에 반대쪽으로 인버티드 롤링을 한 후에 상대방의 목 뒤쪽 깃을 잡아당기며 백 마운트를 잡는다.

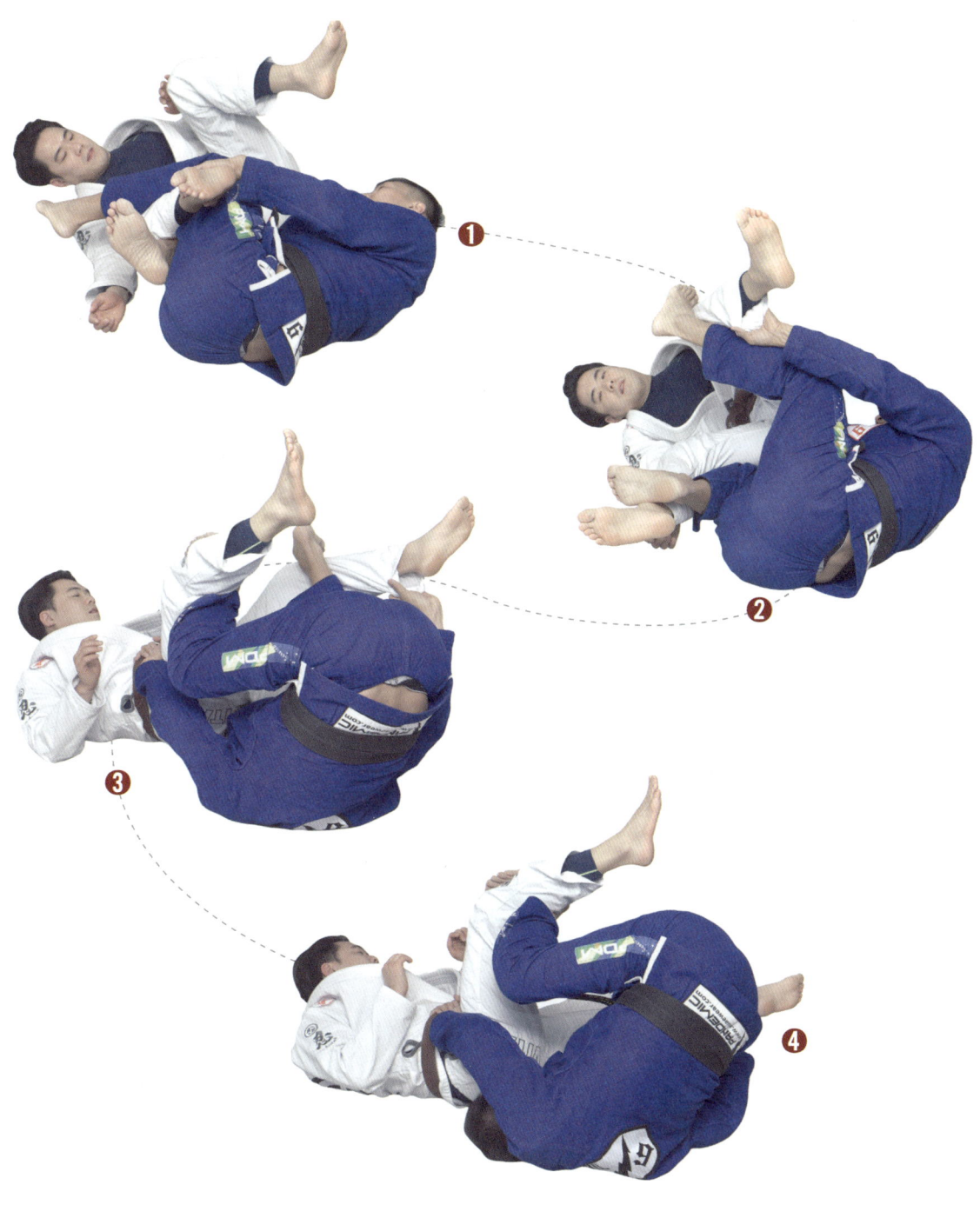

8. 베림보로 암바

베림보로 중에 상대방의 팔을 잡게 되면 반대쪽으로 다시 회전하면서 팔을 잡아당겨 암바를 건다.

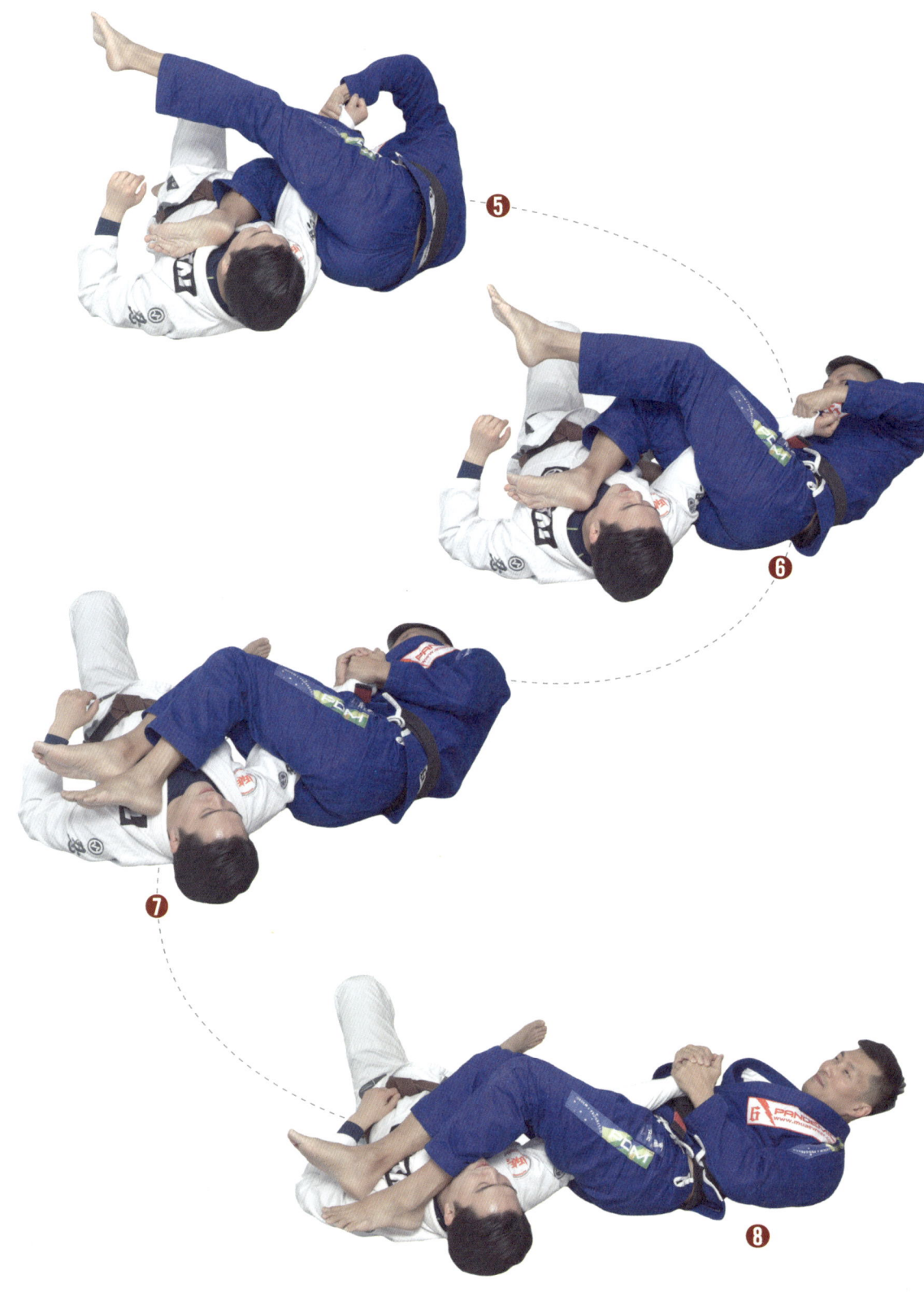

9. 베림보로 삼각 조르기

베림보로 중에 팔을 잡아당겨 암바를 걸려고 할 때 상대방이 몸을 일으켜서 방어하면 삼각 조르기로 전환된다.

10. 베림보로 오모플라타

데라히바 가드와 라쏘 그립을 잡은 상태에서 상대방 엉치를 밟으면서 X-훅을 건다. 그다음 상대방을 당겨 머리 위로 넘어트린 후 베림보로를 건다. 상대방이 얽힌 다리를 빼면서 방어를 하면 라쏘 그립을 잡은 다리로 상대방의 어깨를 얽어매며 오모플라타를 건다. 그다음 몸을 일으키며 어깨에 압박을 가한다.

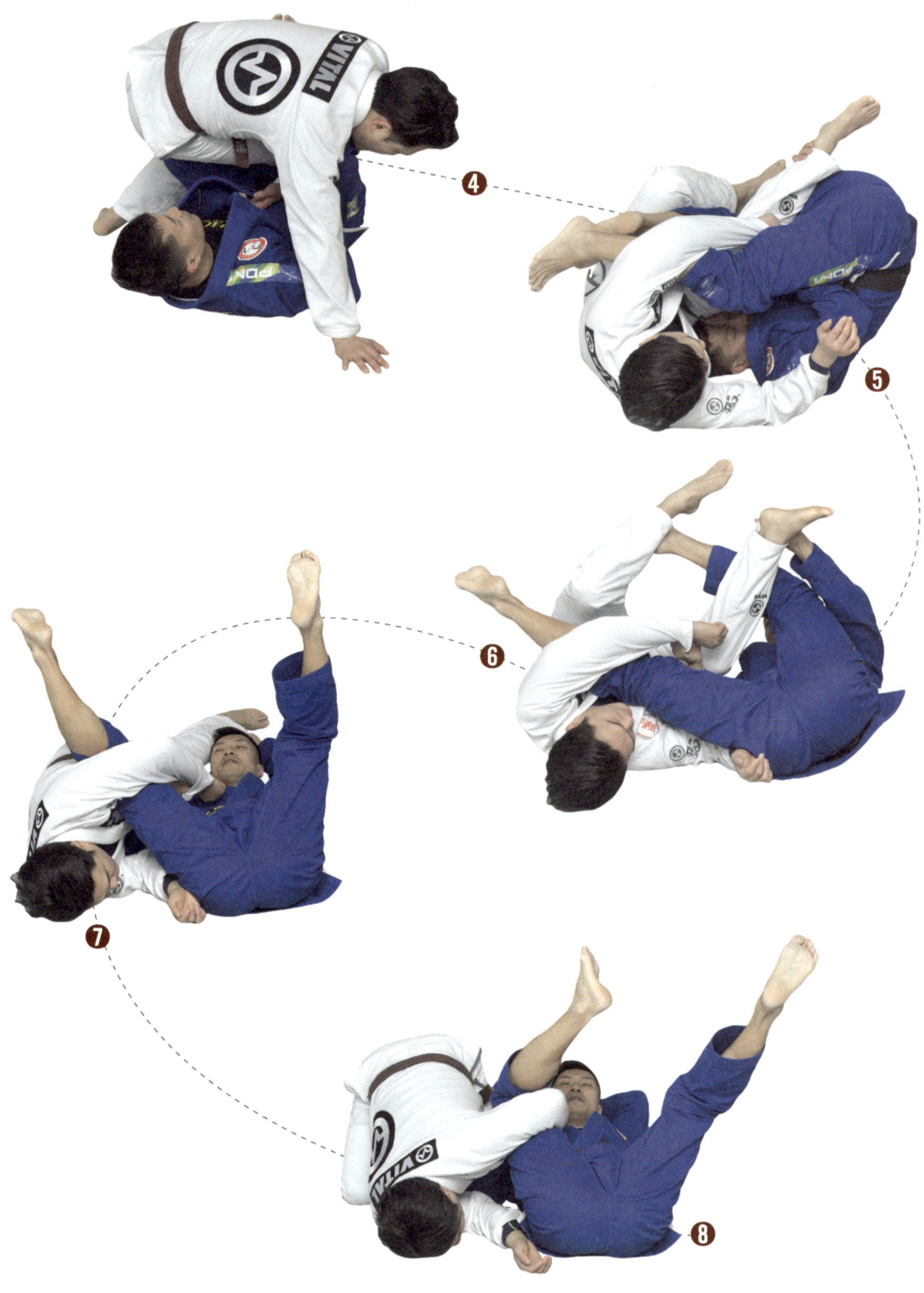

11. 베림보로 카운터 토홀드

상대방이 베림보로 롤링할 때 몸 위로 올라오는 다리의 발목을 꺾으며 토홀드 그립을 잡는다. 그다음 바닥으로 회전해 들어가며 발목을 꺾어 토홀드를 건다.

12. 베림보로 카운터 패스

상대방이 베림보로 롤링하며 엉덩이 쪽으로 돌아 들어가는 타이밍에 상대방이 회전하는 반대 방향으로 몸을 넘기며 상대방의 다리 훅을 무력화시킨다. 그다음 상대방이 하프 가드를 잡기 전에 다리를 빼내며 사이드 포지션을 잡는다.

JIU JITSU 알쓸신잡

"주짓수를 배우면 약한 사람이 강한 사람을 이길 수 있나요?" 에 대한 답변

주짓수에 관심을 갖고 있는 분들이 궁금해 할만한 질문에 대한 답을 간략히 적어보겠다.

주짓수에 관심 있어서 방문하여 운동 상담을 하는 사람들 중에서 많이 궁금해하는 내용이 "주짓수를 배우면 약한 사람이 강한 사람도 이길 수 있나요?"라는 질문이다. 결론부터 말하자면 '그럴 수도 있고 아닐 수도 있다'이다. 항상 확답은 못 하지만 수많은 상황에 적용할 수 있는 답변은 다음과 같다. '주짓수는 약한 사람이 강한 사람을 이길 수 있는 확률을 최대한 높여준다'이다. 당연한 사실이지만 체격이 작은 사람이 큰 사람을 물리적으로 이기기는 어렵다. 여성이 남성을 물리적으로 이기기는 어렵다. 어린이가 성인을 물리적으로 이기기는 어렵다. 하지만 주짓수는 그 확률을 높여주는 것이다. 어떻게요? 주짓수는 모든 동작들이 손/팔/다리의 부분적인 힘이 아니라 몸의 힘을 과학적으로 사용하여 상대를 제압하게 되어 있다. 주짓수를 모르는 사람들도 알고 있는 '암바'의 예를 들어 보자. 다른 말로는 '팔 가로 누워 꺾기'로 알려져 있다. 상대의 한쪽 팔을 자신의 두 다리와 두 팔로 감싸고 지렛대 원리로 몸통의 힘을 사용하여 상대방의 팔꿈치를 꺾는 기술로써 상대방의 팔힘이 아무리 강하더라도 전신의 힘을 사용하는 상대방을 이길 수는 없을 것이다. (물론 저의 경우 상대방의 한쪽 팔을 잡았을 때 흡사 다리를 잡은 것 같은 느낌을 주는 '괴물' 같은 사람도 있었다) 그러나 필자가 지도할 때는 '위와 같은 주짓수의 장점에도 불구하고 주짓수로 상대를 제압할 수 있는 최소한의 힘과 체력을 갖추지 못하면 무의미하다'라고 부연 설명하며 주짓수 기술 만능론을 경계한다. 다만 60kg 체격의 사람이 100kg 체격의 사람과 시비가 붙었을 때 작은 사람이 큰 사람을 이기지 못하더라도 제압당하지 않고 버틸 수만 있다면 그 자체로 대단하다고 생각되며 이러한 대단한 능력을 발휘할 수 있게 하는 무술이 바로 주짓수이다.

다시 한번 강조하지만 '최소한의 힘과 체력을 갖고 있다는 전제하에 주짓수는 약한 사람이 강한 사람을 상대로 생존 혹은 이길 수 있는 확률을 최대한 높여주는 무술이다.'

약한 사람도 강한 사람에게 당당해질 수 있게 만드는 무술! 이것이 '주짓수'의 매력이다.

Chapter 7

유연하지 않아도 할 수 있다, X-가드

01 X-가드 스타일

1. 싱글렉 X-가드 스타일

싱글렉 X-가드는 다리 한쪽을 잡고 두 다리의 훅을 X-형태로 감는 가드를 의미하며 다음과 같은 자세들이 있다.

• 싱글렉 X-가드 기본 자세 – ①

• 싱글렉 X-가드 기본 자세 – ②

• 싱글렉 X-가드 양쪽 다리 훅

• 리버스 X-가드 자세

• 버터플라이 아시 자세

2. 더블렉 X-가드 스타일

더블렉 X-가드는 다리 한쪽을 잡고 두 다리 훅을 다른 쪽 다리에 감는 가드를 의미하며 다음과 같이 4가지 자세가 있다.

• 더블렉 X-가드 기본 자세 - ①

• 더블렉 X-가드 변형 자세 - ②

• 더블렉 X-가드 변형 자세 - ③

• 더블렉 X-가드 변형 자세 - ④

3. X-가드 팔 그립 스타일

팔로 다리를 감는 팔 그립 스타일은 3가지 자세가 있다.

• X-가드 팔 그립 언더훅 스타일 - ①

• X-가드 팔 그립 언더훅 스타일 - ②

• X-가드 팔 그립 오버훅 스타일 - ①

• X-가드 팔 그립 오버훅 스타일 - ②

• X-가드 팔 그립 정강이 그립 스타일 - ①

• X-가드 팔 그립 정강이 그립 스타일 - ②

02 X-가드 엔트리

X-가드는 일단 가드 형태를 잡는 순간 유리해지기 때문에 가드 엔트리가 핵심 포인트라 할 수 있다.

1. 클로즈드 가드 X-가드 엔트리

클로즈드 가드에서 상대방 바지 끝을 잡고 당기며 같은 쪽 다리 무릎을 상대방의 다리 밑으로 밀어 넣는다. 그리고 다리와 소매를 동시에 잡아당기며 싱글 렉 X-가드를 잡는다. 이후에 일어나면서 스윕한다.

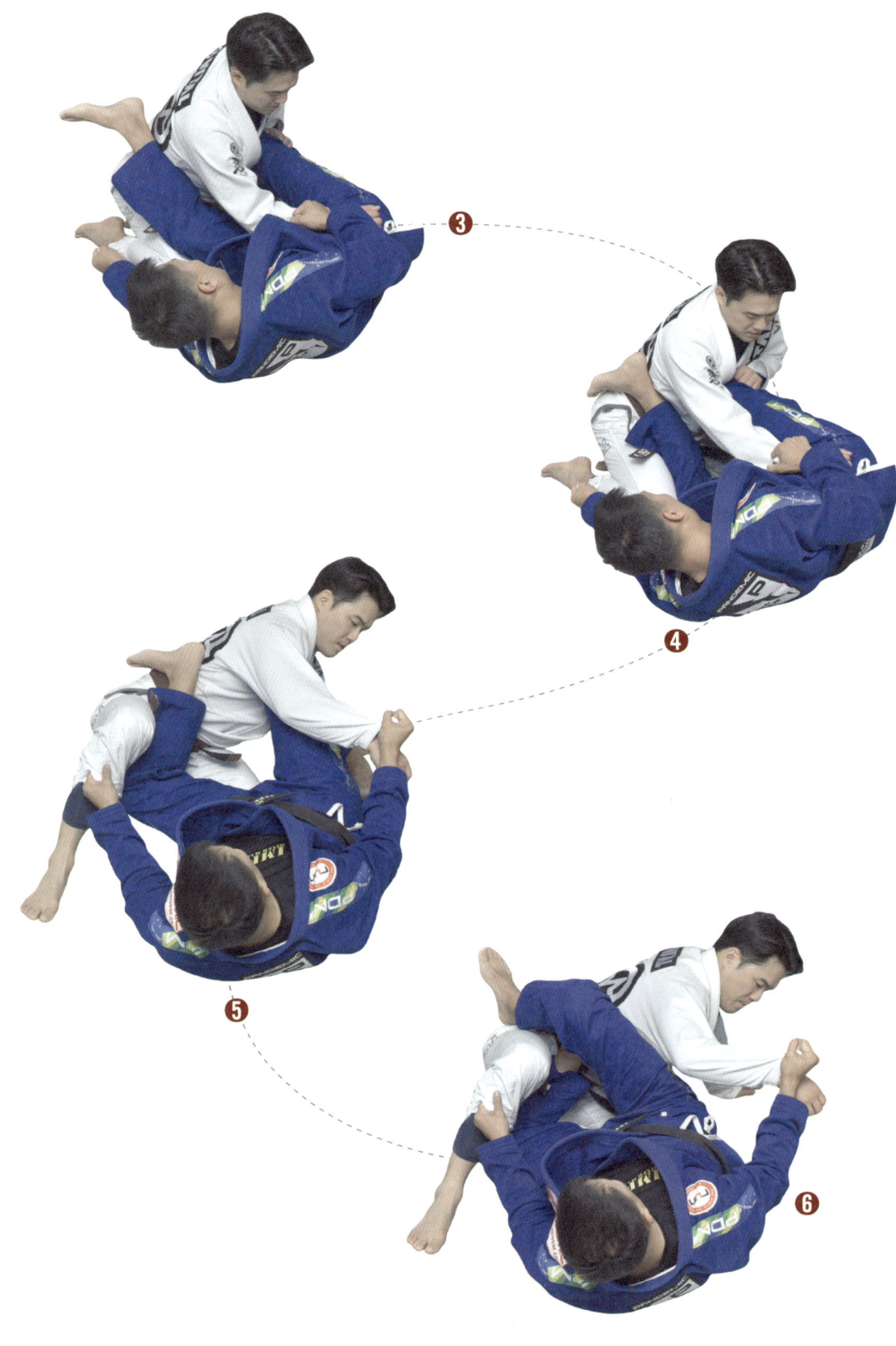

Chapter 7 앉혀놓지 않아도 할 수 있다

155

2. 클로즈드 가드가 풀릴 때 X-가드 엔트리

상대방이 일어나면서 클로즈드 가드를 풀려고 할 때 한쪽 다리를 잡고 같은 쪽으로 다리를 밀어 넣으며 몸을 90도 회전한다. 이후에 싱글렉 X-가드를 잡는다.

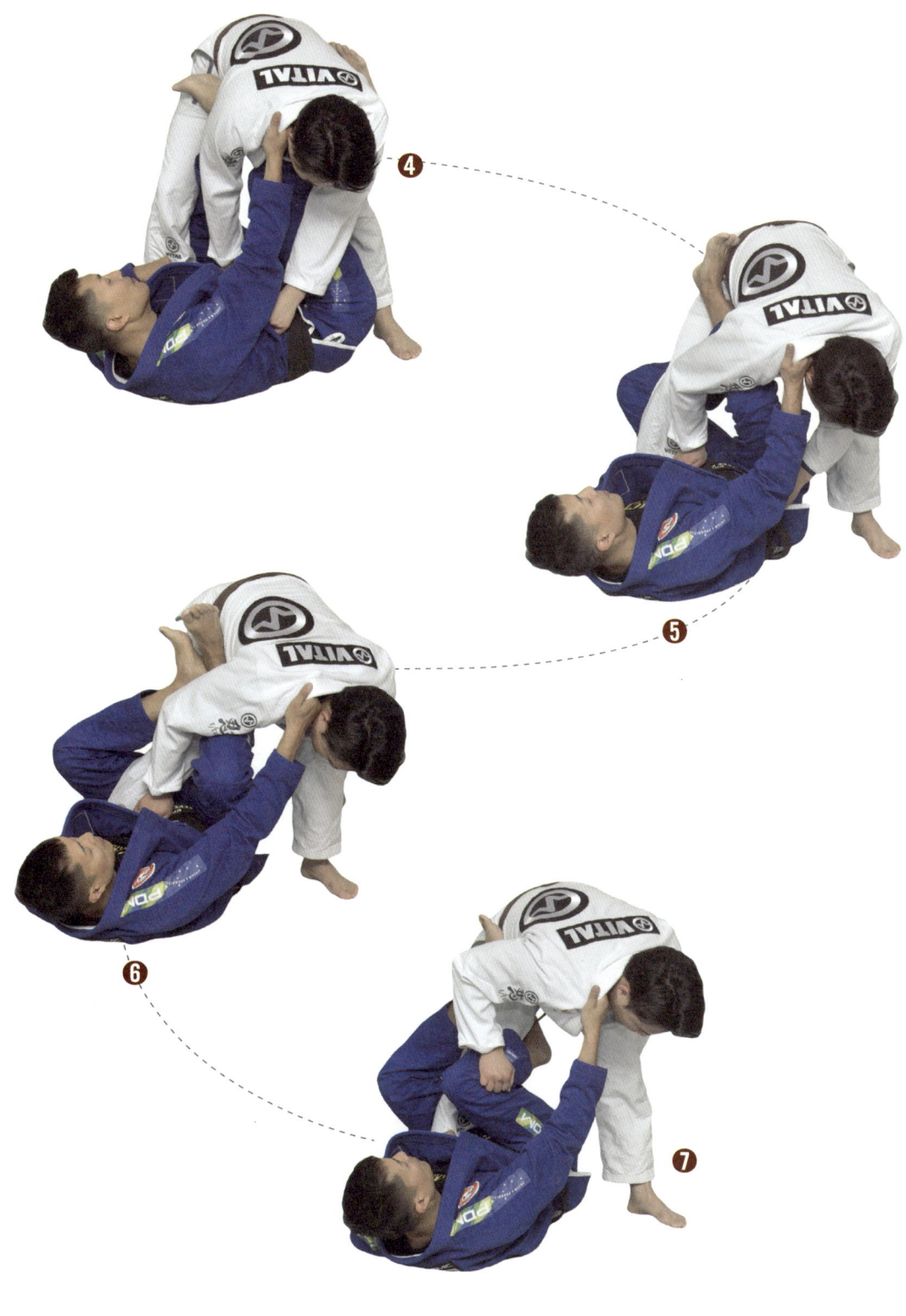

3. 양 소매를 잡은 상태에서 X-가드 엔트리

양 소매를 잡은 상태에서 한쪽 다리를 잡은 후 몸을 90도 회전하며 상대방의 다리 사이에 다리를 밀어 넣고 감아서 싱글렉 X-가드 자세를 잡는다.

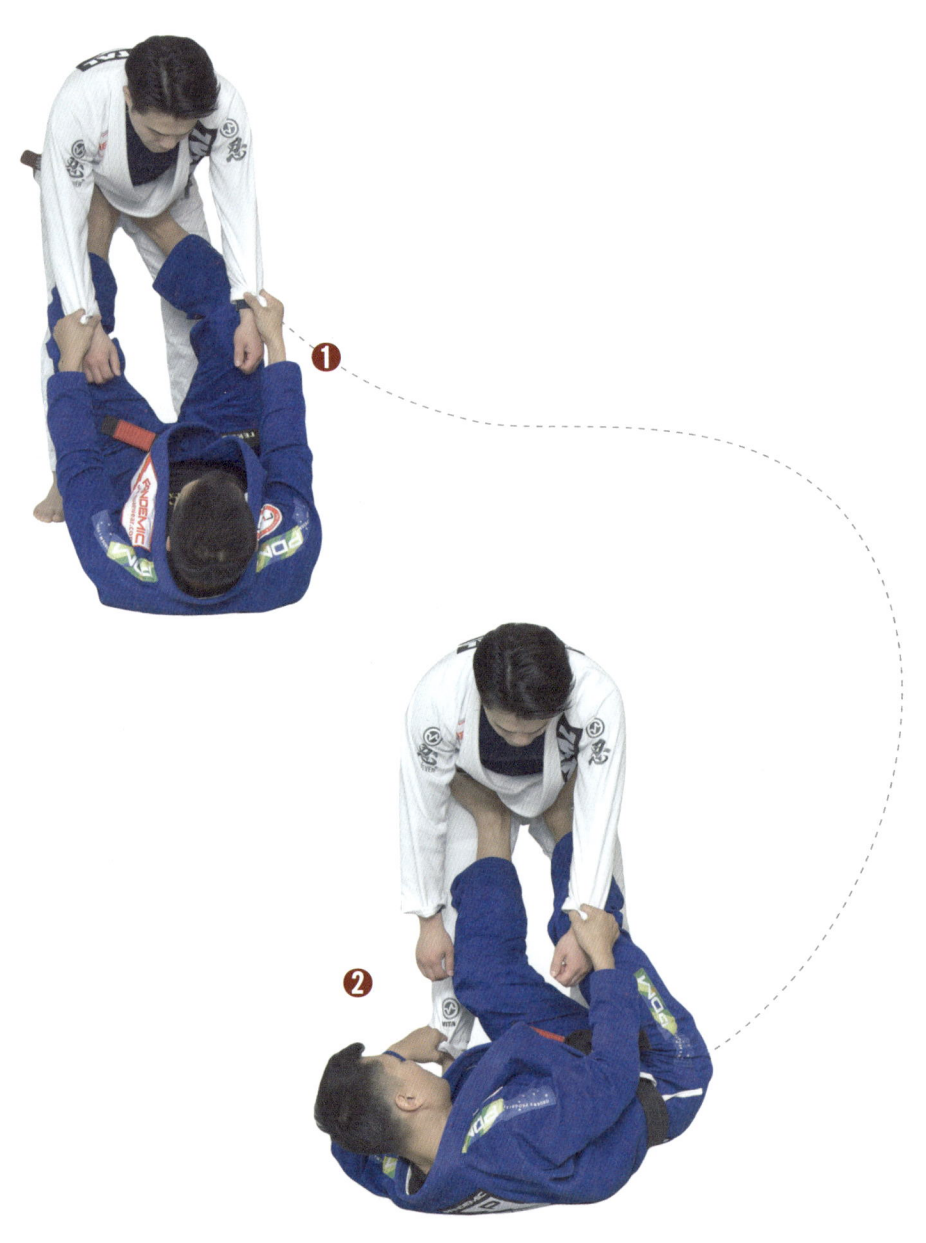

Chapter 7 유연하지 않아도 할 수 있다

4. 양 소매를 잡고 양쪽 다리 훅을 건 상태에서 X-가드 엔트리

양 소매를 잡고 양쪽 다리 안쪽으로 훅을 건 상태의 가드에서 한쪽 다리를 잡은 후 몸을 90도 회전하며 훅을 건 다리를 밀어 넣고 감아서 싱글렉 X-가드 자세를 잡는다.

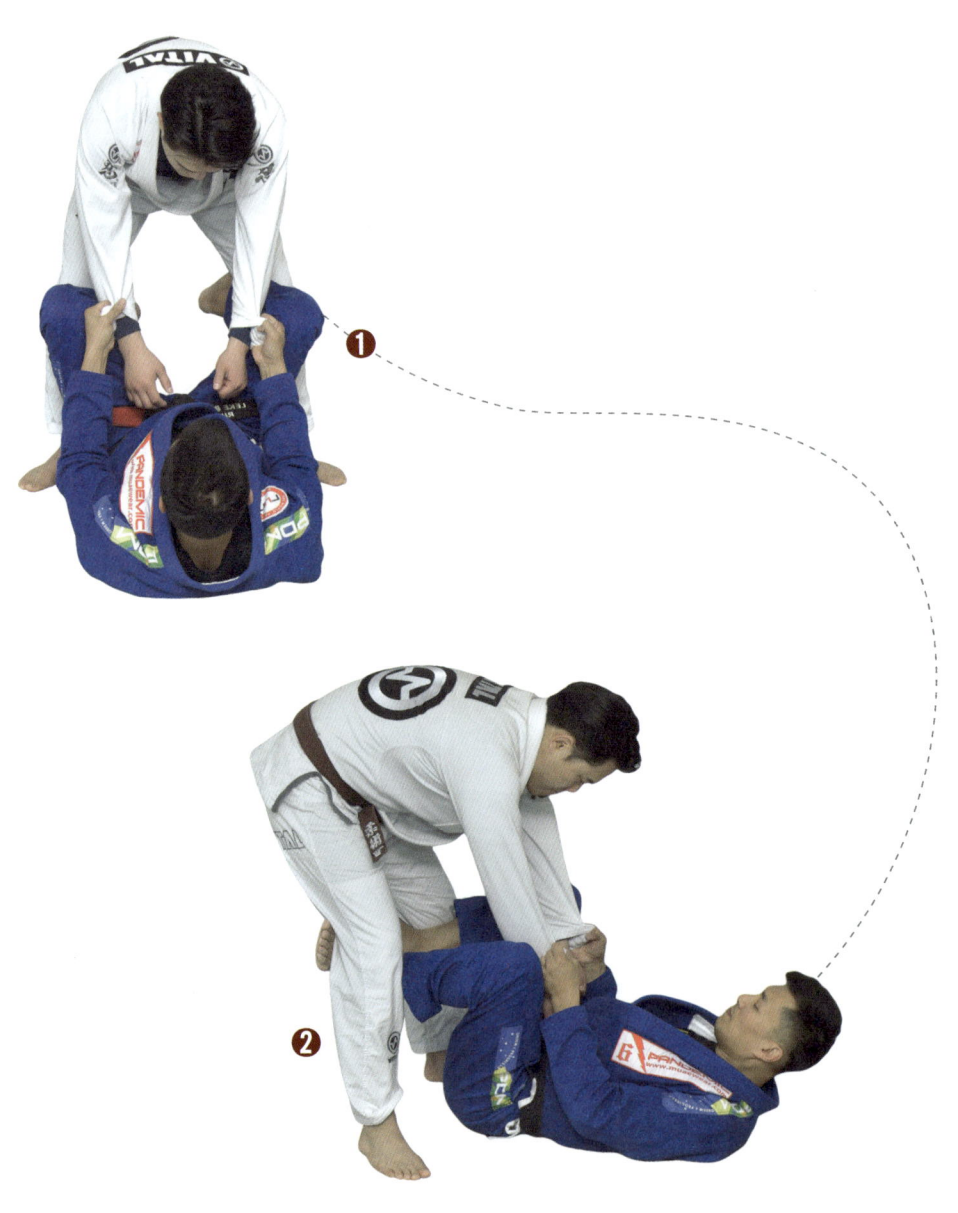

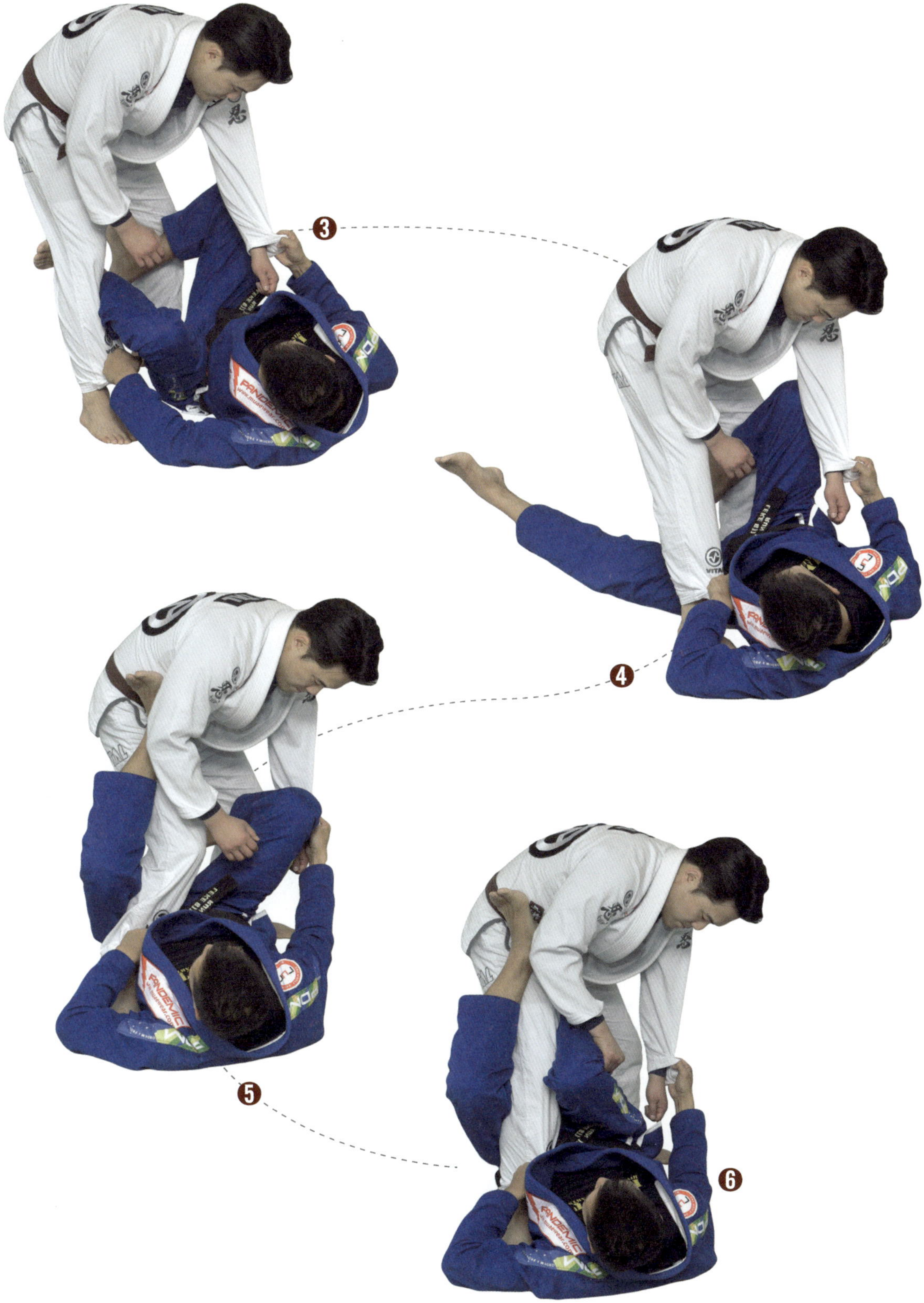

Chapter 7 유연하지 않아도 할 수 있다

161

5. 스파이더 가드에서 X-가드 엔트리

스파이더 가드를 잡은 상태에서 상대방을 기울인 다음 반대쪽 다리로 상대방의 오금에 훅을 건다. 그다음 다리를 밖에서 안으로 얽으며 싱글렉 X-가드 자세를 잡는다.

6. 2 on 1 가드에서 X-가드 엔트리

2 on 1 가드에서 오금에 훅을 건 다리를 안쪽으로 밀어 넣으며 싱글렉 X-가드 자세를 잡는다. 때에 따라서는 50/50 자세로 변형할 수도 있다.

Chapter 7 유연하지 않아도 할 수 있다

165

7. 싯팅 가드에서 X-가드 엔트리

싯팅 가드에서 바깥쪽 다리 훅을 안으로 감은 후에 상대방 무릎과 소매를 잡고 상대방의 몸쪽 안으로 회전한다. 이후에 바깥쪽 다리를 뻗어 상대방의 다리를 밖에서 안으로 얽으며 싱글렉 X-가드 자세를 잡는다.

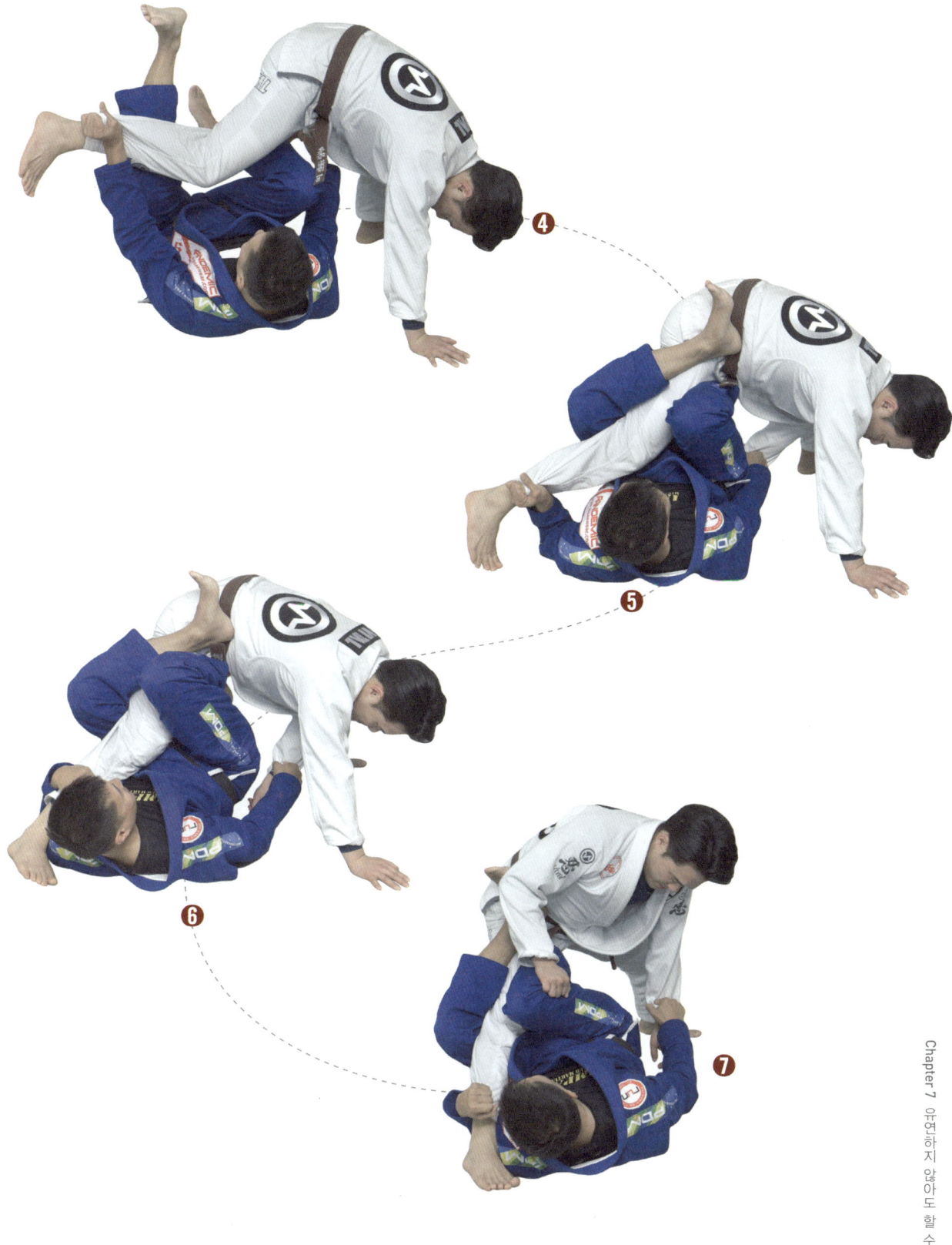

8. 버터플라이 가드에서 벨트 잡고 X-가드 엔트리

버터플라이 가드 자세에서 상대방의 벨트와 바지 깃을 잡고 당기며 눕는다. 그다음 바지 깃을 잡은 쪽으로 90도 회전하며 다리를 바깥에서 안으로 감으면 X-가드 자세를 잡는다.

9. 딥 하프 가드에서 X-가드 엔트리

딥 하프 가드를 잡은 상태에서 벨트와 바지 깃을 잡은 상태로 발 한쪽을 안으로 훅을 걸고 들어 올리면서 몸을 180도 회전하여 X-가드 자세를 잡는다.

10. 딥 하프 가드에서 더블렉 X-가드 엔트리

딥 하프 가드에서 자신의 다리를 모두 상대방의 다리 안으로 밀어 넣고 상대방을 들어 올리며 다른 쪽 다리를 손으로 감으며 더블렉 X-가드를 잡는다. 윗다리를 이동하여 싱글렉 X-가드를 잡을 수도 있다.

11. 풀 마운트 탈출하며 X-가드 엔트리

풀 마운트를 잡혔을 때 상대방의 한쪽 바지 깃을 잡고 다른 손으로는 벨트를 잡은 상태에서 브리지하면서 공간을 확보한다. 그다음 안쪽 다리를 당겨서 몸 안에 걸고 다른 다리를 바깥쪽으로 감으며 X-가드 자세를 잡는다.

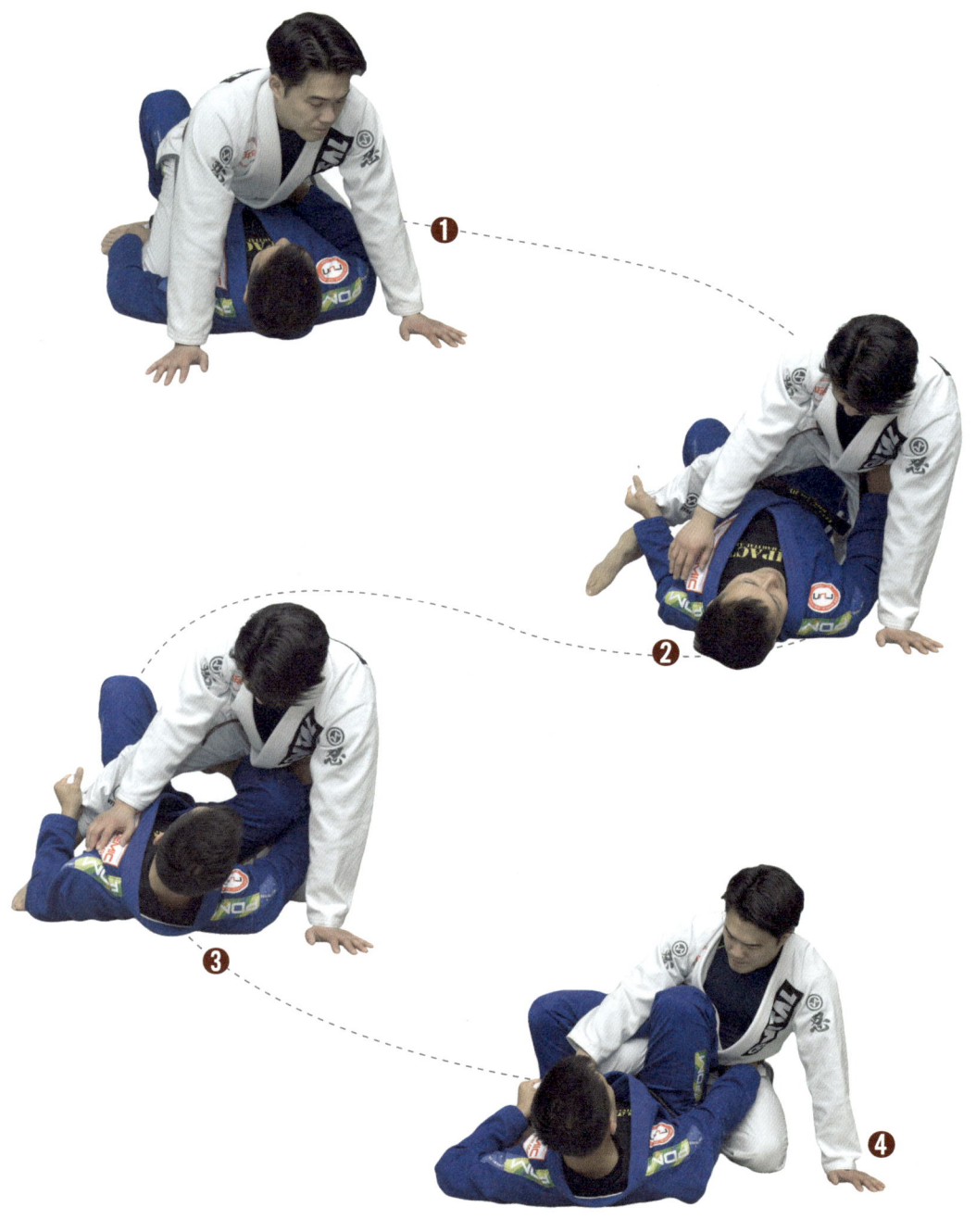

12. 백 마운트 탈출하며 X-가드 엔트리

백 마운트를 잡혔을 때 어깨 위쪽을 감은 팔을 두 손으로 잡고 머리 위로 넘겨 반대쪽 어깨로 옮긴다. 그다음 상대방의 바지 깃을 잡고 풀면서 몸을 기울여 상대방의 다리를 몸으로 누른다. 이후에 몸 위로 올려진 상대방의 다리를 잡아 감으며 X-가드 자세를 잡는다.

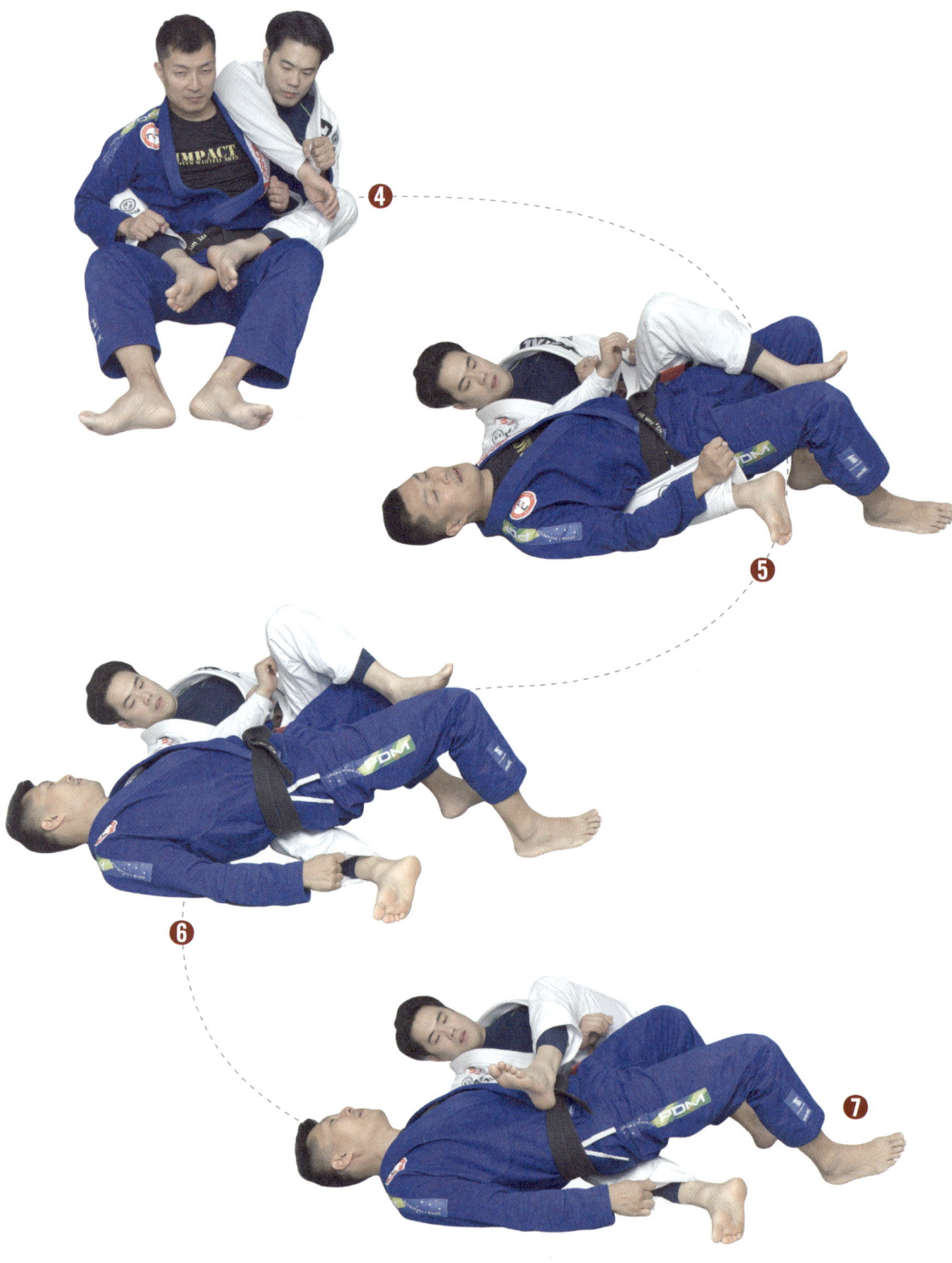

Chapter 7 유연하지 않아도 할 수 있다

175

13. 가드 풀링하며 X-가드 엔트리

상대방의 목깃과 소매를 잡고 한 발을 상대방의 엉치에 대고 누우면서 가드 자세를 취한다. 그다음 다른 쪽 다리를 상대방의 오금에 걸고 잡아당긴다. 이후 안쪽으로 걸었던 다리를 바깥으로 돌려 감으며 싱글렉 X-가드 자세를 잡는다.

Chapter 7 유연하지 않아도 할 수 있다

14. 버터플라이 가드에서 암드래그하며 X-가드 엔트리

버터플라이 자세에서 상대방 팔과 바지 깃을 잡는다. 그다음 뒤로 누우며 상대방의 다리를 잡아당겨 펴지게 만든 후 다리를 바깥으로 감아서 싱글렉 X-가드 자세를 잡는다.

주짓수가 타 무술과의 경쟁에서 우위를 점할 수 있는 이유는?

많은 사람이 브라질리언 주짓수(Brazilian Jiu-Jitsu, 이하 주짓수)가 어떻게 타 무술과의 경쟁에서 (이종격투기 대회 같은) 우위를 점할 수 있는지 많이 문의해오는데, 주짓수가 타 무술과의 경쟁에서 앞서 나갈 수 있는 점에 대해 설명하고자 한다.

1) 이종 기술 정보의 비대칭성 [Asymmetric Information]

일반적으로 경제학에서 많이 쓰이는 정보의 비대칭성이란 당사자들이 가진 정보의 양이 서로 다른 경우를 말하며, 정보의 비대칭성은 크게 감추어진 특성(속성)과 감추어진 행동의 두 가지 유형으로 나눌 수 있는데, 주짓수에서는 그라운드에 특화된 무술 특성 및 그라운드로 상대를 끌어들이는 행동이 타 무술 수련자, 특히 타격기인 권투, 킥복싱 등을 배운 사람들에게는 기술 정보의 비대칭성을 가져오므로 주짓수를 수련한 상대와의 대련시 패닉 상태에 빠지게 하며 자신이 어떻게 제압당하는지도 모르고 항복하게 할 수 있는 무술이다.

주짓수의 전설 헨조 그레이시는 "권투선수는 사자와 같다. 땅에서는 최고의 맹수이지만 상어가 있는 수족관에 들어가면 그냥 먹잇감에 불과하다."라는 멋진 말을 남겼다. (여기서 상어는 주짓수 수련자, 수족관은 그라운드를 뜻한다)

2) 동종 기술 정보의 숙련성 [Highly Skilled]

동종 계열의 무술(유도, 레슬링, 합기도 등) 수련자와 대련하는 경우에는 동종 기술(그래플링 혹은 유술) 간에 기술이 얼마나 특화되었는지 또는 심화되어 있는지에 따라 승패가 좌우된다고 볼 수 있다. 유도는 메치기, 합기도는 입식 관절기, 레슬링은 태클 및 상위 포지션에서의 압박에 특화되어 있어서 배울 점이 많지만 그라운드의 모든 상황에 대비하고 있지는 않다.

유도는 스탠딩 메치기의 최강자이지만 상대방이 무게 중심을 낮추면 수월하게 넘기기가 쉽지 않을뿐더러 룰의 변경으로 인해 하체를 잡고 넘길 수도 없는 단점이 있다. 합기도 기술은 멋지고 화려하다. 하지만 상대가 미리 대비를 하고 힘을 주어 버티면 생각처럼 쉽게 꺾이거나 나가 떨어지지 않는다는 것이 함정이다.

레슬링 태클의 위력은 무시무시하다. 그런데 옷(도복)을 입은 상황에서는 잡고 버티면 상대를 바닥으로 넘기는 것이 쉽지 않을 수 있다. 하지만 주짓수는 하이브리드(Hybrid) 무술로서 도움 될만한 모든 기술 가져다 쓰기 + 그라운드에 특화된 기술이 강점이다! 이러한 타 무술에 대한 오픈 마인드 + 고유 기술의 전문성이 주짓수가 같은 계열의 무술과의 경쟁에서 우위를 점하는 이유라고 생각한다.

3) 동종 기술 수행능력 [Ability of Technic]

다른 운동도 신체적인 수행 능력을 중요시하지만 주짓수만큼 다양하면서도 서로 이질적인 운동 능력을 요구하는 무술도 없다. 예를 들어 힘과 심폐지구력은 완전히 상반되는 운동 항목인데, 육상의 100m 달리기의 폭발력과 10,000m 달리기의 지구력을 동시에 갖추라고 하는 얘기와 같다. 하지만 주짓수는 그 모든 걸 요구하는… 가혹하기에 더 강해진다는 역설적인 상황이다. 주짓수가 원하는 신체 능력을 살펴보면 다음과 같다.

1. 심폐지구력(Cardiovascular)
2. 스태미나(Stamina)
3. 근지구력(Respiratory) 또는 근력(Strength)
4. 유연성(Flexibility)
5. 힘(Power)
6. 스피드(Speed)
7. 협응력(Coordination)
8. 민첩성(Agility)
9. 균형 유지(Balance)
10. 정확성(Accuracy)

하지만 생활체육으로 주짓수를 수련을 하는 사람들은 위와 같은 세세한 신체 능력에 대해 신경 쓰지 않아도 주짓수 기술 수련 + 스파링으로 강함과 건강함을 모두 누릴 수 있으므로 걱정하지 않아도 될 것이다.

주짓수 수련 시 스파링의 중요성

주짓수 수련 시 스파링(롤링 or 대련)의 중요성에 대해 설명하고자 한다.

우리가 주짓수를 배우는 가장 큰 이유는 '자신을 지키는 능력'을 키우는 것이다.
"싸우는 법을 배운다면, 너는 싸우지 않게 될 것이다." 라는 주짓수에서 유명한 명언이 있다. 예를 들어 막강한 국방력을 가진 미국을 아무도 건드리지 못하지만 이스라엘처럼 작은 국가도 튼튼한 안보의식과 강한 군사력으로 주변 중동 어느 국가도 침범할 생각을 못 하는 것과 같다. 이렇게 작고 약한 사람들도 주짓수를 배움으로써 남을 해치지 않으면서 자신을 지킬 수 있는 힘을 가질 수 있다!. 이러한 힘을 키우는 데는 기본 체력을 키우고 주짓수 기술을 익히는 것도 좋지만, 반드시 상대방과 스파링을 통해 다음과 같은 수련 효과를 얻을 수 있다.

1. 상대와 끊임없이 대결할 수 있는 힘과 체력 향상
2. 주짓수 기술을 실제 상대에게 사용해봄으로써 자신이 익힌 기술에 대한 자신감과 정확성을 높임
3. 실제 상대방과 시비가 붙은 호신 상황을 설정하여 스파링함으로써 그러한 상황을 통제할 수 있는 담대함을 가질 수 있게 됨

Chapter 8

모던 주짓수의 끝판왕, 라펠 가드 & 웜 가드

01 라펠 가드

라펠 가드와 웜 가드 구분법은 상대방의 라펠(목 부분 칼라부터 도복 상의 끝에 있는 스커트까지를 통틀어 지칭)을 자신의 다리에 감으면 라펠 가드, 상대방의 다리와 자신의 다리까지 얽으면 웜 가드로 명칭 한다.

1. 클로즈드 가드 라펠 오모플라타

클로즈드 가드 상태에서 상대방의 한쪽 라펠을 잡고 다리 안쪽에서 바깥쪽으로 감는다. 그다음 같은 쪽 소매깃을 잡은 후 두 손을 당기며 다리로 상대방의 어깨를 감는다. 이후 소매깃을 잡은 손으로 라펠을 잡고 다른 손으로는 벨트를 잡으며 일어나서 오모플라타를 건다.

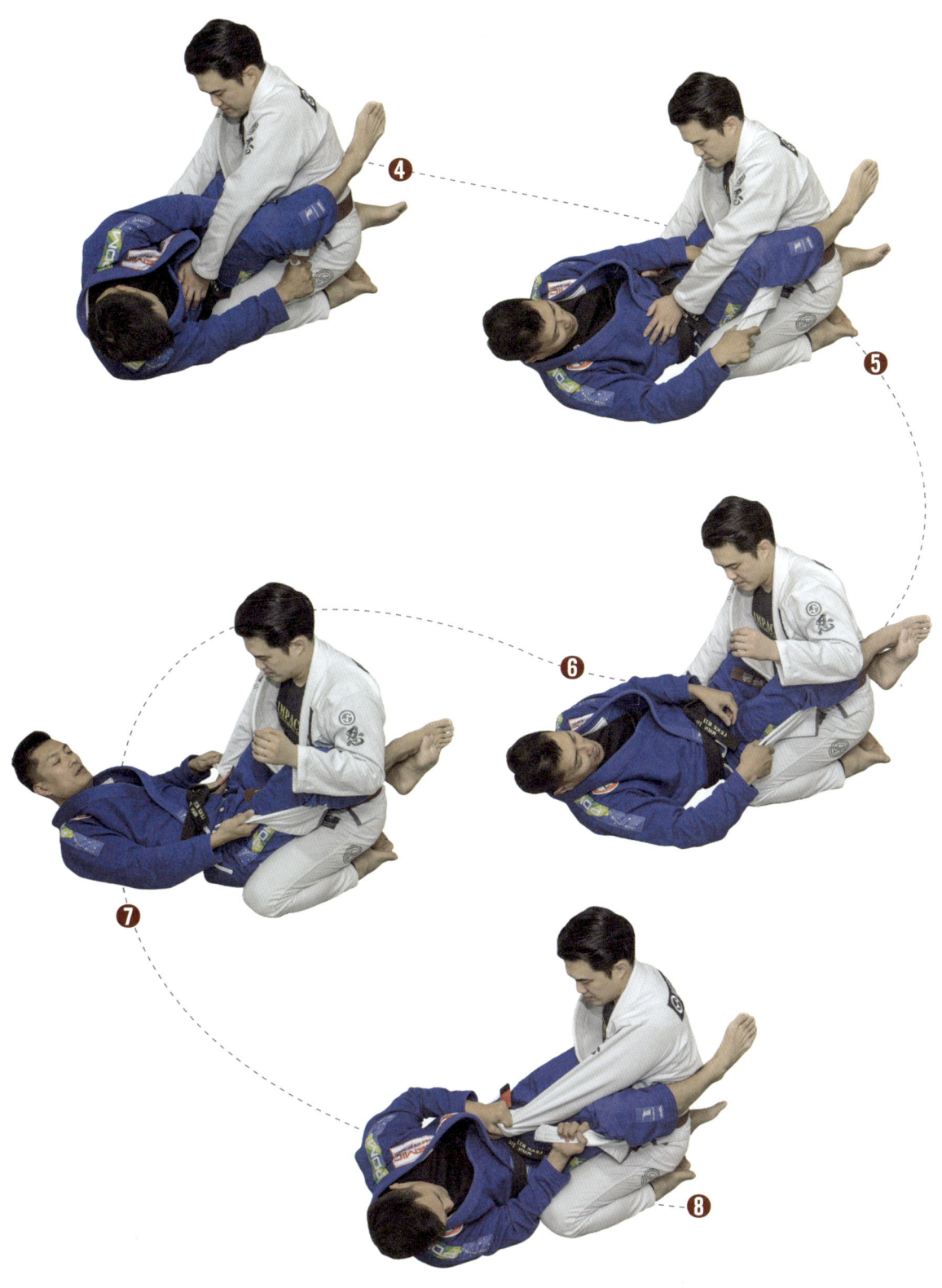

2. 클로즈드 가드 라펠 스파이더 스윕

클로즈드 가드에서 상대방의 라펠을 자신의 다리 밖에서 안으로 감아서 잡은 후 반대쪽 팔 소매깃을 잡고 스파이더 그립을 잡는다. 그다음 스파이더 그립과 라펠 그립을 이용하여 상대방의 몸통에서 90도로 회전한 다음 상대를 넘어트려 스윕시킨다.

Chapter 8 모던 주짓수의 끝판왕

189

3. 데라히바 가드 라펠 백 테이크

데라히바 가드 자세에서 상대방 무릎을 밀면서 일어나 상대방의 라펠을 손으로 잡는다. 다음 상대방을 당기며 라펠을 잡아끈 다음에 다리 밑으로 감고 바꾸어 잡는다. 이후 목깃을 잡고 끌어당기며 무릎을 꿇게 만들고 다시 라펠을 바꾸어 잡는다.

그리고 나서 상대방 등 쪽으로 회전해 들어가며 상대방의 벨트를 잡고 다른 쪽 다리를 상대방의 오금에 밀어 넣은 후 당겨서 백을 잡는다.

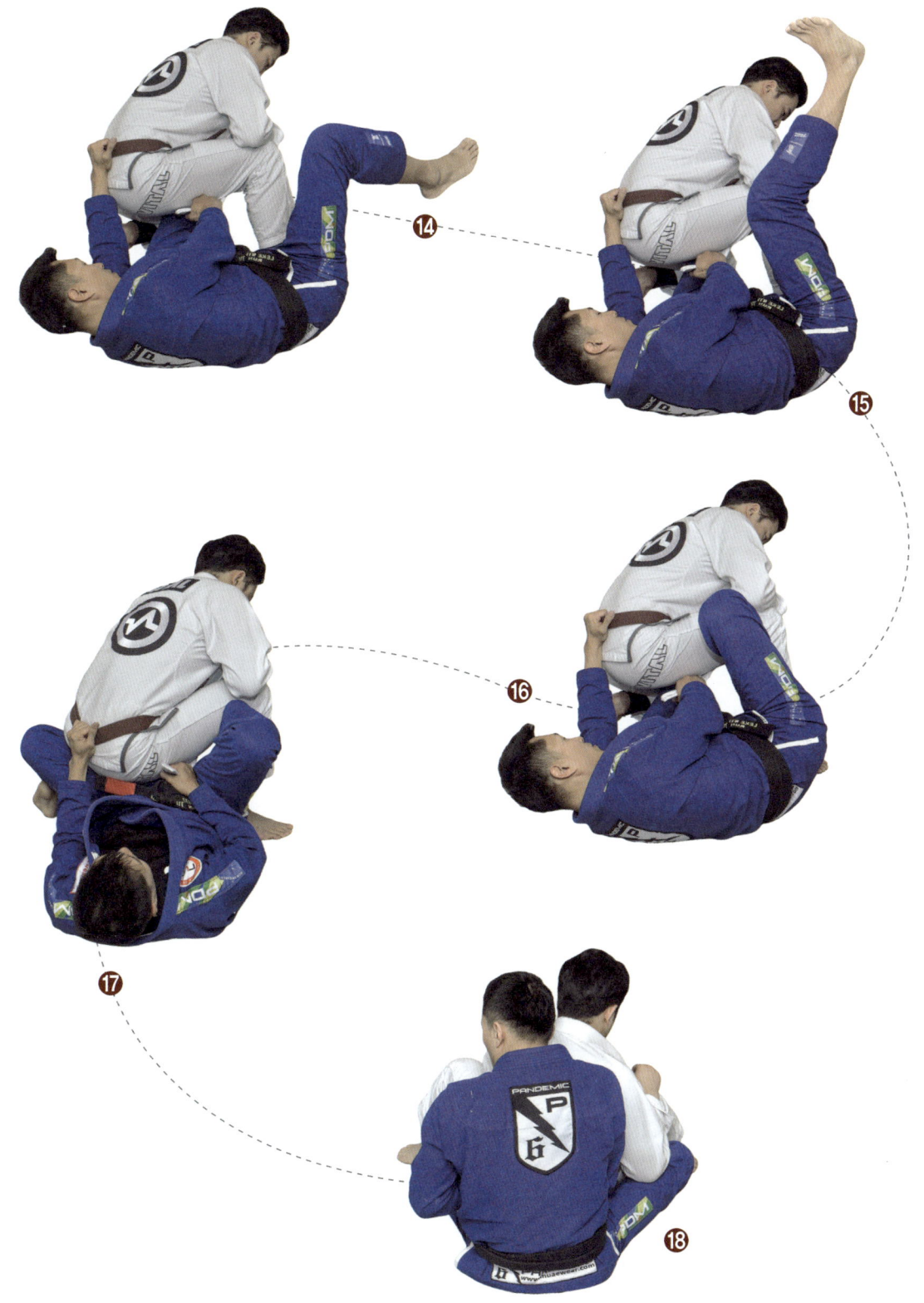

Chapter 8 모던 주짓수의 끝판왕

193

4. 데라히바 가드 라펠 싱글렉 X-가드 스윕

앞선 데라히바 가드에서 라펠을 잡고 상대방의 등 쪽으로 가려고 하는 것을 상대방이 방어할 때 오히려 다리 안쪽으로 롤링하며 싱글렉 X-가드 자세를 잡고 일어나며 스윕한다.

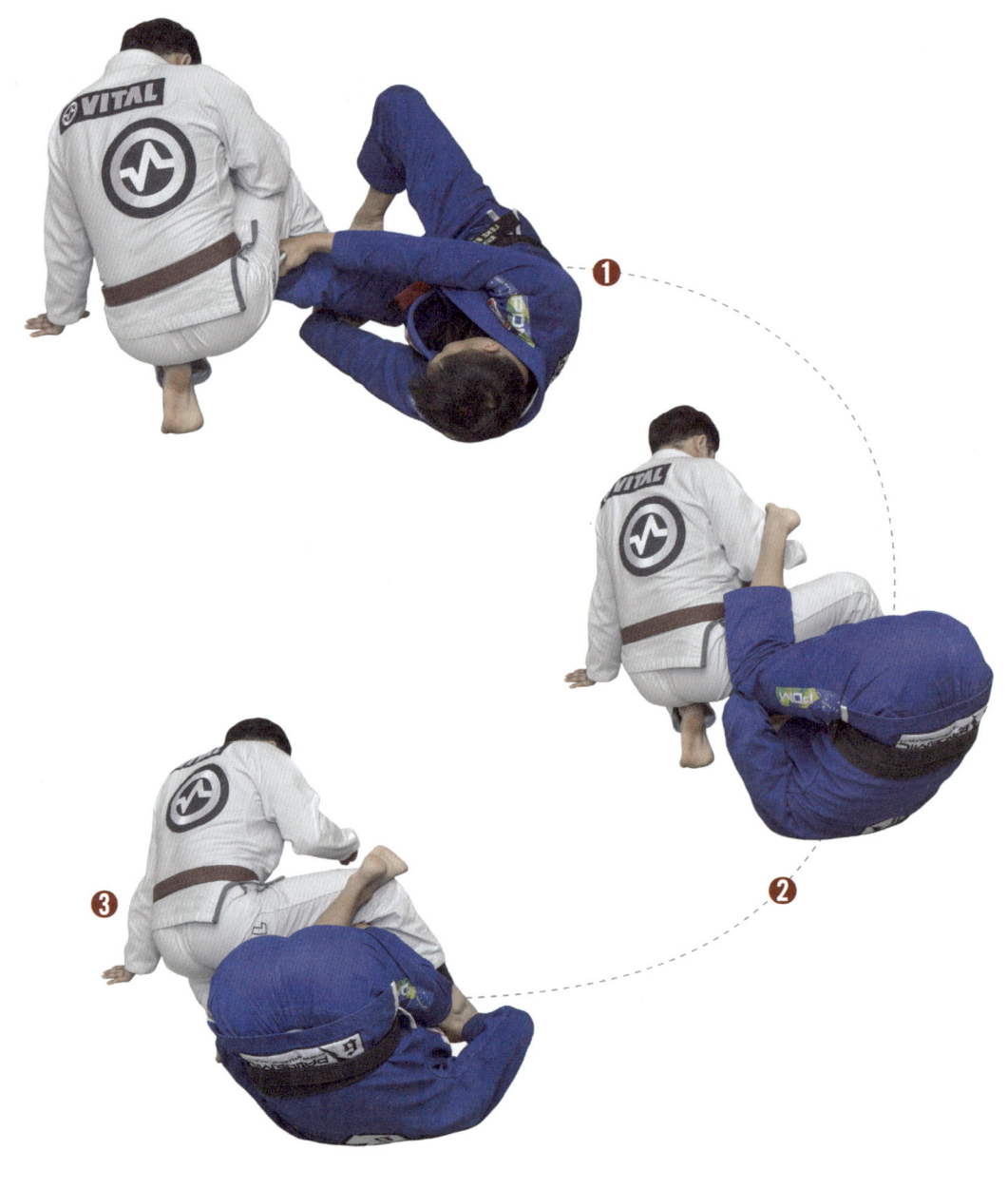

Chapter 8 모던 주짓수의 끝판왕

195

02 웜 가드

1. 데라히바 웜 가드 스윕

데라히바 가드에서 상대방의 라펠을 잡고 무릎을 밀면서 일어난다. 그다음 라펠을 상대방의 다리와 자신의 다리에 감으면서 손을 바꾸어 잡는다. 이후 상대방의 벨트를 잡으며 등 쪽으로 돌아 들어갈 때 상대방이 앉아서 방어하면 다리 안쪽으로 회전하면서 일어나 스윕한다.

Chapter 8 모던 주짓수의 끝판왕

197

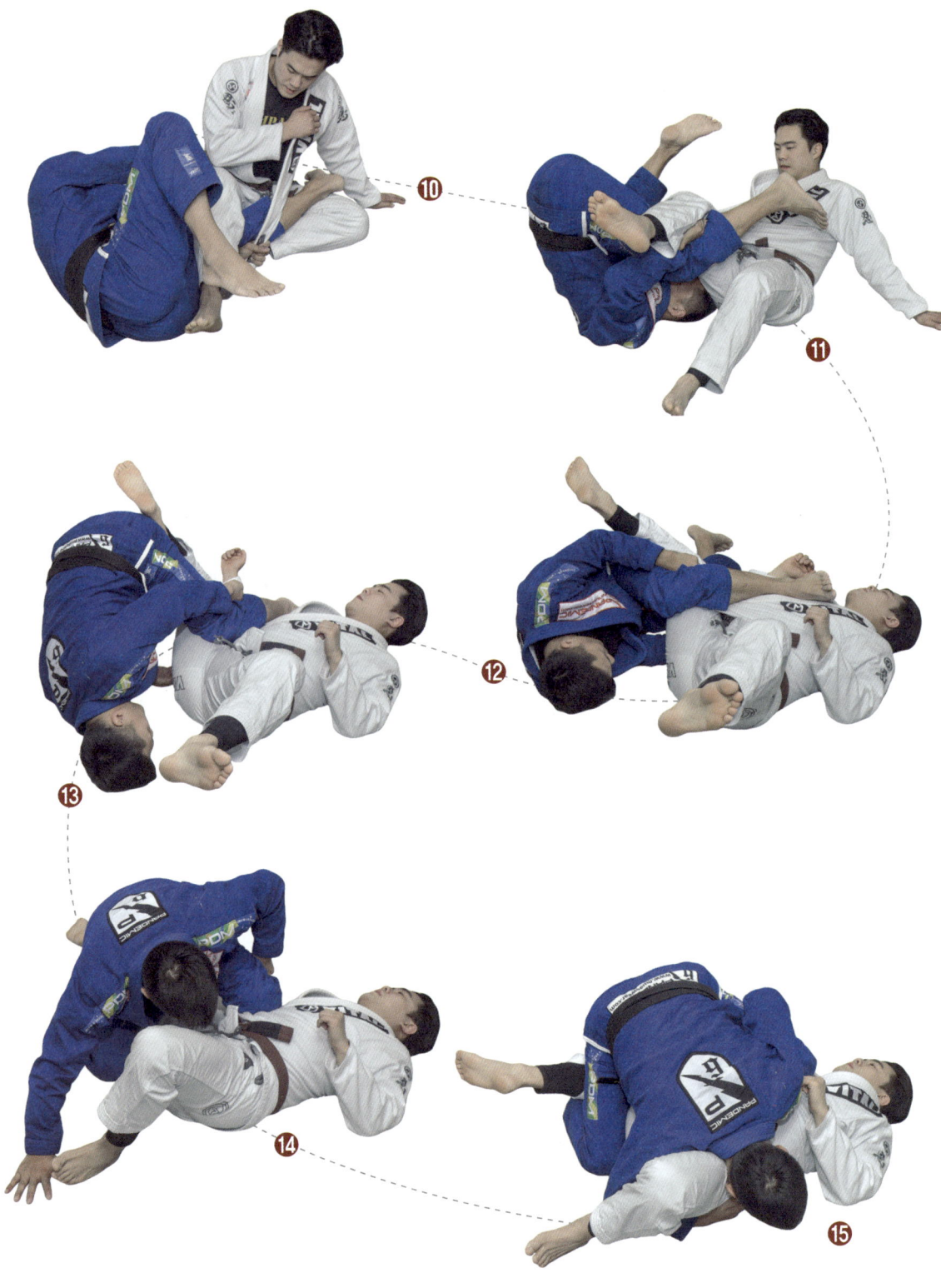

2. 데라히바 웜 가드 훅 스윕

데라히바 가드에서 웜 가드 세팅을 한 후에 라펠을 바꾸어 잡고 다른 손으로 바닥을 짚으며 데라히바 훅을 건 다리로 상대방 다리를 잡아당기면서 상대방을 스윕한다.

3. 딥 하프 웜 가드 백 테이크

데라히바 가드에서 라펠로 상대방의 다리를 감은 후 상대방 다리 안쪽으로 회전해 들어가며 딥 하프 가드 자세를 잡는다. 그다음 라펠을 자신의 다리에 감은 후 상대방의 등 쪽 벨트를 잡고 등 쪽으로 돌아 들어간 후 라펠과 벨트를 잡아당기며 백 포지션을 잡는다.

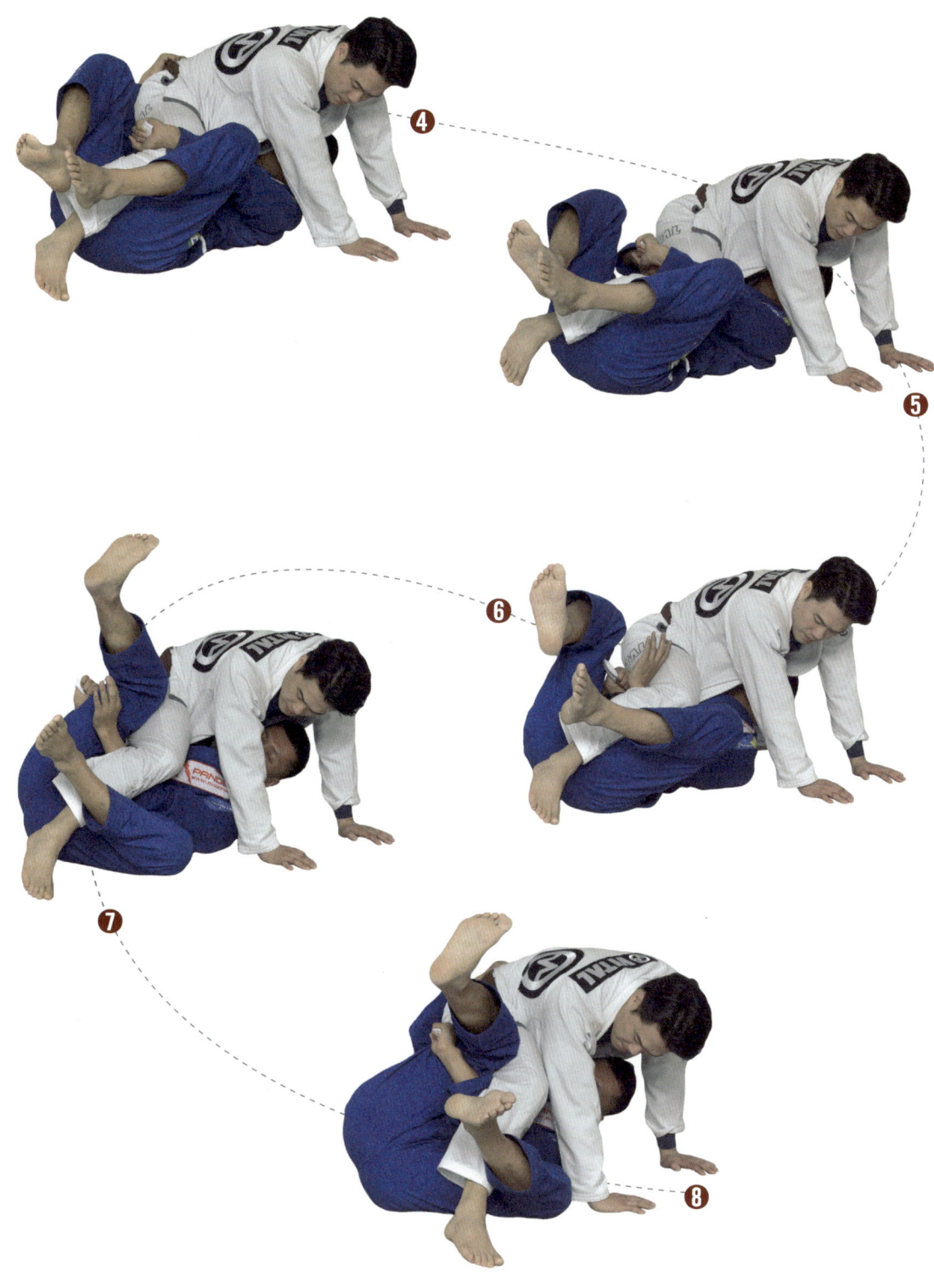

Chapter 8 모던 주짓수의 끝판왕

201

202

셀프 디펜스(호신술) 주짓수 수련의 필요성과 방법

최근 우리나라에서도 주짓수가 각광받으면서 많은 주짓수 체육관이 생겨나고 있고 주짓수 대회도 한 달에 최소 3~4개씩 열리고 있다. 이러한 추세에 발맞추어 스포츠 주짓수의 화려함에 빠진 수련자들이 스포츠 주짓수가 브라질리언 주짓수의 모든 것이라고 생각하고 매트가 깔려있는 상황에서 타격이 허용되지 않는 스포츠 주짓수 규칙 위주로만 수련하고 있는 실정이 대부분이다.

물론 이런 스포츠 주짓수가 시대의 대세이며 주짓수 대중화를 이끄는데 세운 혁혁한 공을 높게 평가한다. 다만, 브라질리언 주짓수 수련인이라면 타격이 허용되는 소위 '길거리 싸움'에서도 주짓수를 이용하여 최소한 자신을 보호할 수 있는 연습을 필수적으로 수련해야 한다. 그렇지만 일각에서 추구하는 '실전 주짓수'의 한계도 있다고 생각한다.

예를 들어 군대가 실전 대비를 위해 끊임없이 훈련을 한다 해도 그러한 실제 상황에서 잘 대처할 수 있을지는 100% 확신할 수 없는 것처럼 주짓수도 아무리 길거리 싸움을 설정하고 수련한다 해도 실제 싸움이 벌어졌을 때 대처를 잘 할 수 있다는 보장은 없다.

따라서 필자가 추천하는 셀프 디펜스 주짓수 수련 방법은 다음과 같다.

첫 번째 주짓수 기술 중 셀프 디펜스 주짓수에서 안전하게 사용 가능한 주짓수 기술을 선별하여 수련자들에게 지도한다.

두 번째 헤드기어와 글러브 등 안전장구를 착용한 상태에서 타격이 허용되는 상황을 가정하고 주짓수 기술 연습 및 스파링을 실시한다.

세 번째 험악한 상황을 일부러 연출하여(특히 여성 수련자의 경우 상대방이 고성과 더불어 욕을 할 경우 위축되어 아무런 방어도 못 할 확률이 높다) 싸움이 벌어지는 상황에서도 침착하게 행동할 수 있도록 수련한다. 물론 셀프 디펜스만을 가정하여 주짓수 기술을 수련할 경우 한정된 기술만 수련하게 되므로 스포츠 주짓수 기술 연습 및 스파링을 병행함으로써 주짓수 기술 수련의 폭을 넓히는 것이 필요하다.

Chapter 9

약자의 무적 방패, 50/50 가드

01 50/50 가드

1. 50/50 가드 베이직 스윕

데라히바 가드를 감은 다리를 안으로 밀어 넣으며 싱글렉 X-가드 자세를 잡은 후 안쪽 다리를 다리 위로 넘겨 50/50 자세를 잡는다. 그다음 상대방을 밀어 넘어트리며 스윕한다.

Chapter 9 약자의 무적 방패

207

2. 50/50 가드 백 테이킹

50/50 가드를 잡은 후 상대방의 다리를 넘겨 어깨에 올린 후에 바깥쪽 다리를 상대방 오금에 건다. 그다음 상대방의 띠를 잡은 후 몸 뒤로 돌아 들어가며 백을 잡는다.

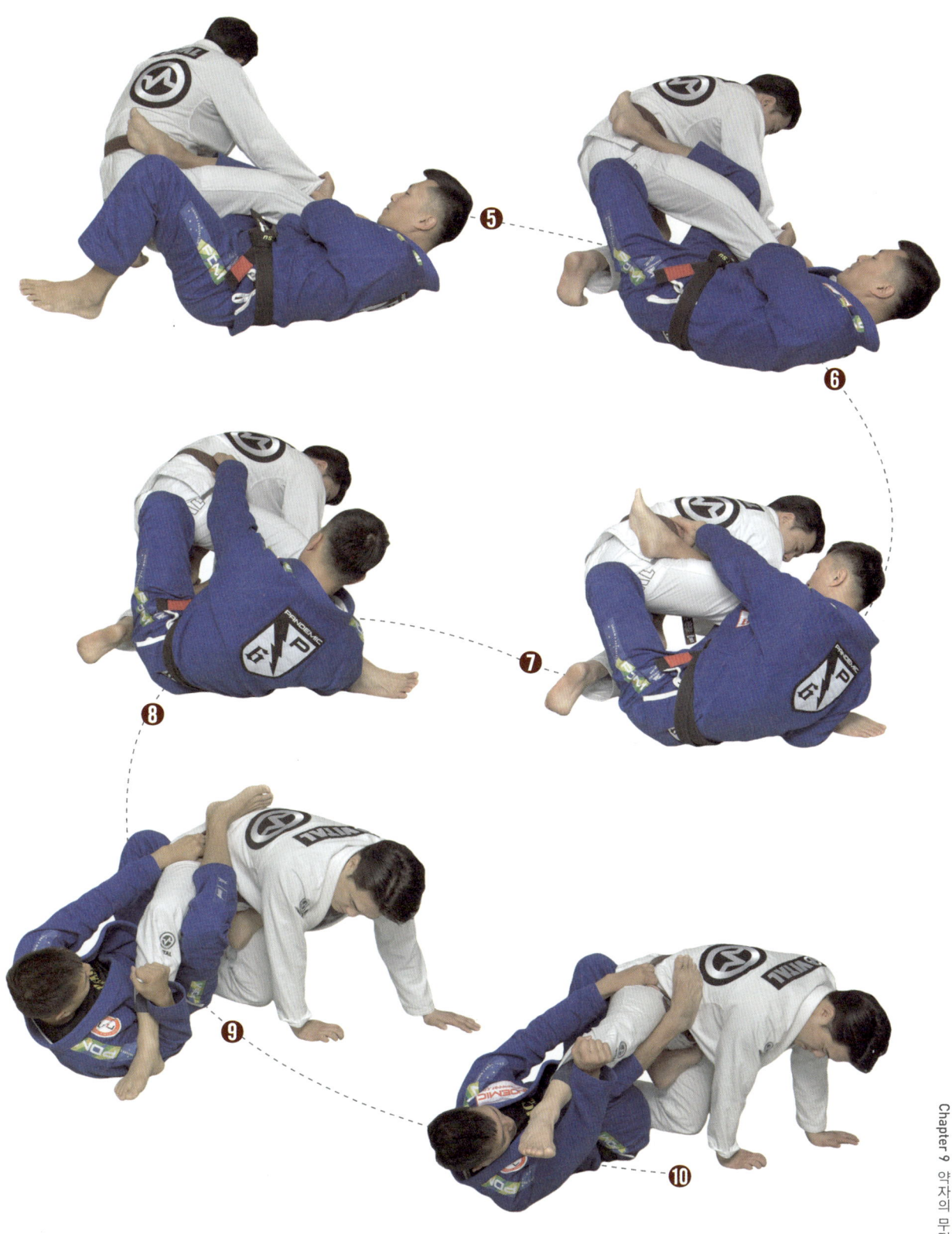

3. 50/50 더블 가드 스크램블

더블 가드 상황에서 50/50 가드를 잡은 후 상대방의 다른 쪽 다리를 들어 올리며 상대방의 띠를 잡고 상체를 붙인다. 그다음 다리를 안으로 밀어 넣으며 X-가드 훅을 건다. 그리고 상체를 엉덩이 쪽으로 롤링하며 상대방의 백을 잡는다.

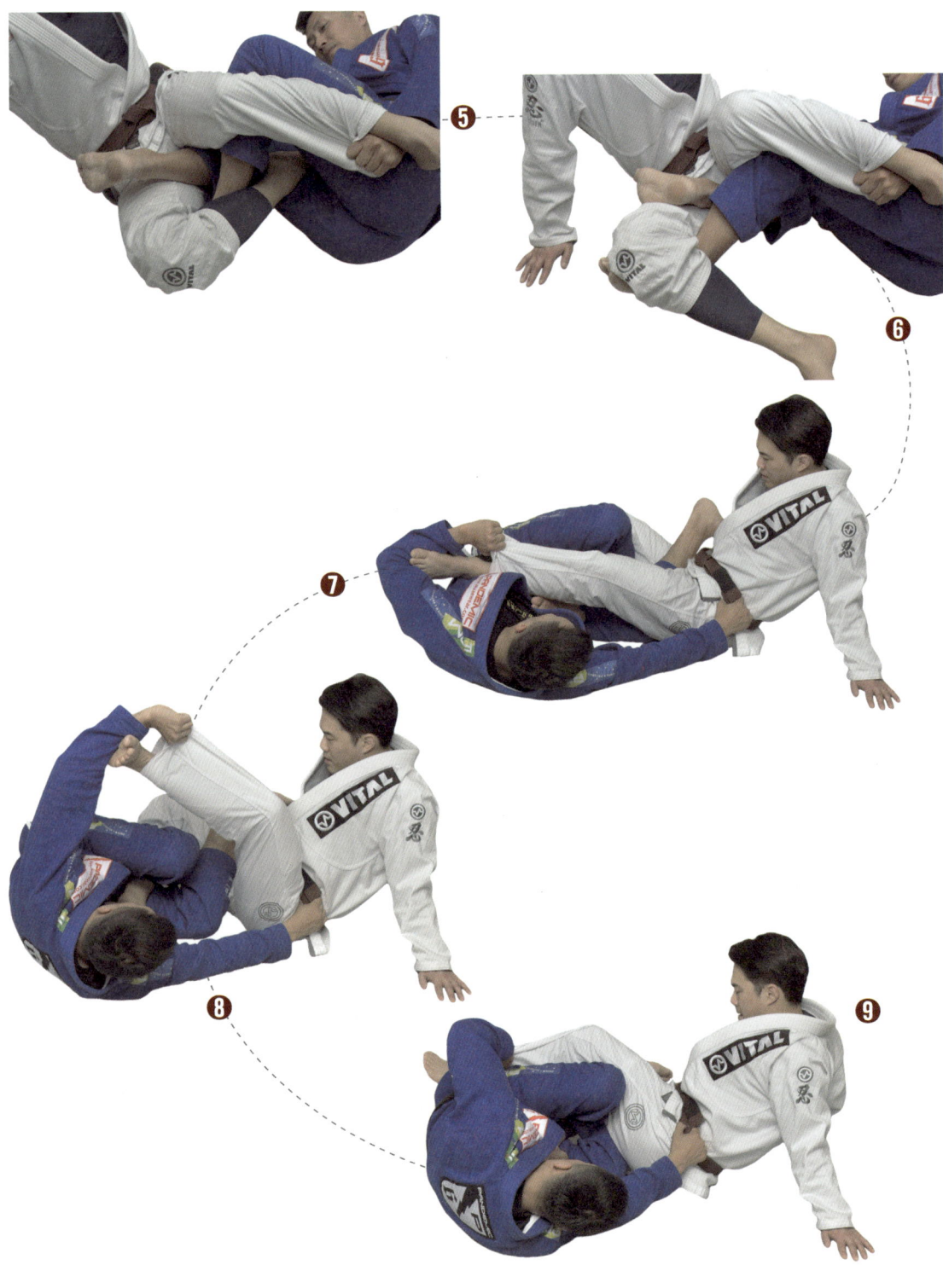

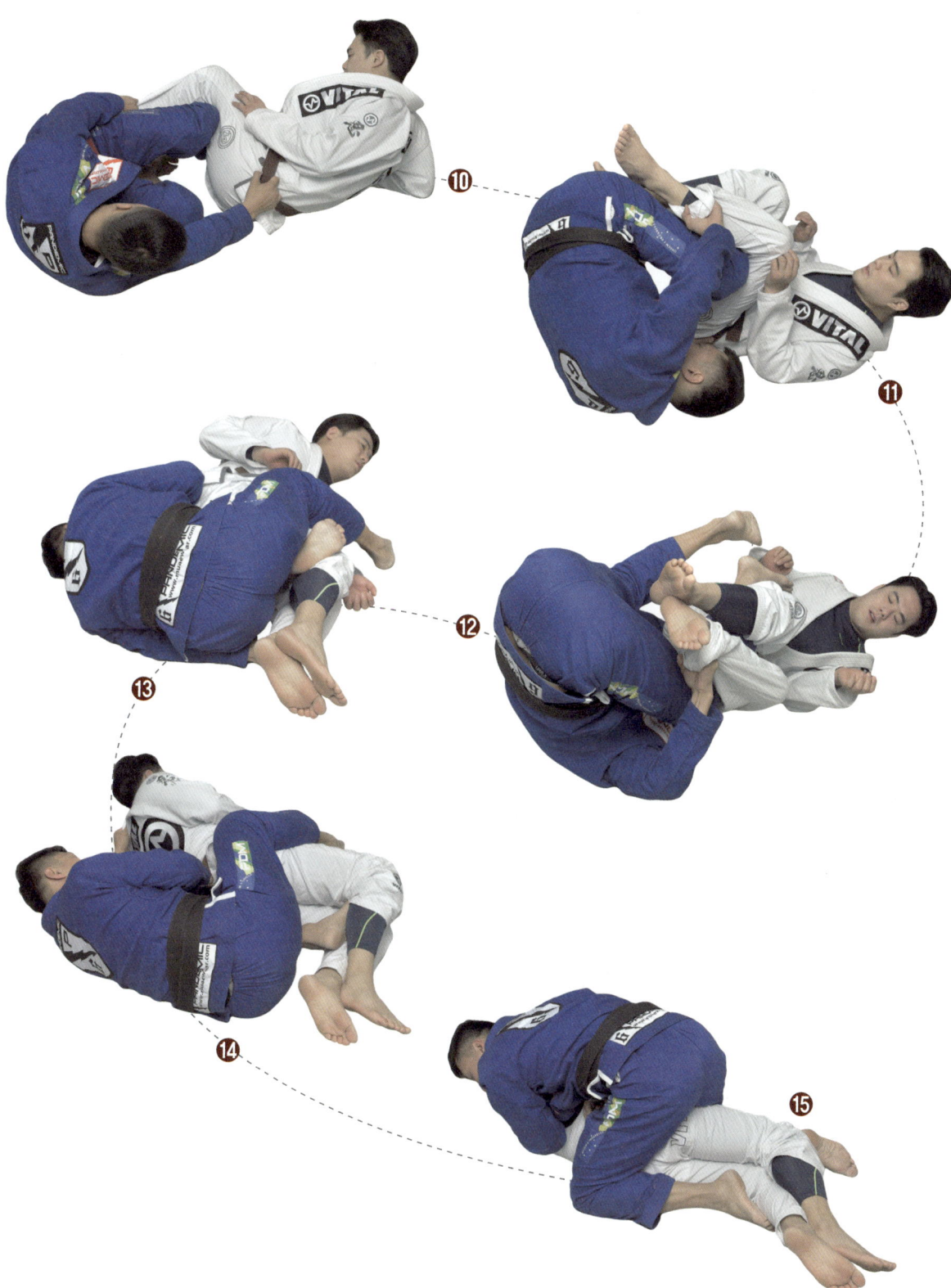

Chapter 9 약자의 무적 방패

4. 50/50 더블 가드 베림보로

더블 가드 상황에서 50/50 가드를 잡힌 상대방의 다리를 토홀드 그립으로 밀어 올리며 다른 쪽 손으로 상대방의 띠를 움켜잡는다. 그다음 상대방의 몸 안쪽으로 베림보로 롤링을 하며 그대로 일어나서 레그 드래그 패스 포지션을 잡은 후 백을 잡는다.

만약 일어날 수 없는 상황인 경우에는 상대방의 다리를 감은 후 반대쪽으로 다시 롤링한 후 상대방을 끌어당겨 백을 잡는다.

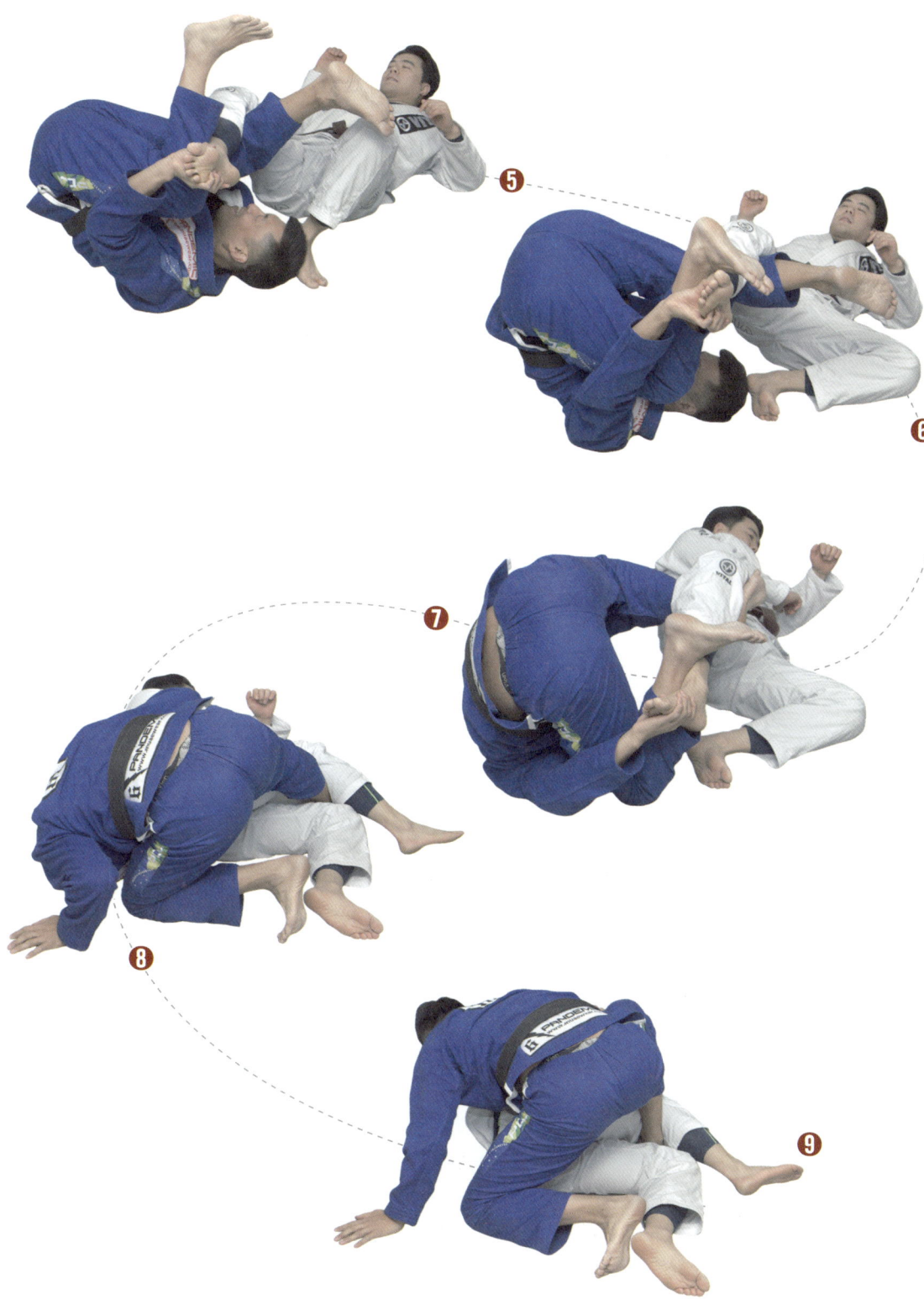

• 반대쪽으로 롤링해서 백을 잡을 경우

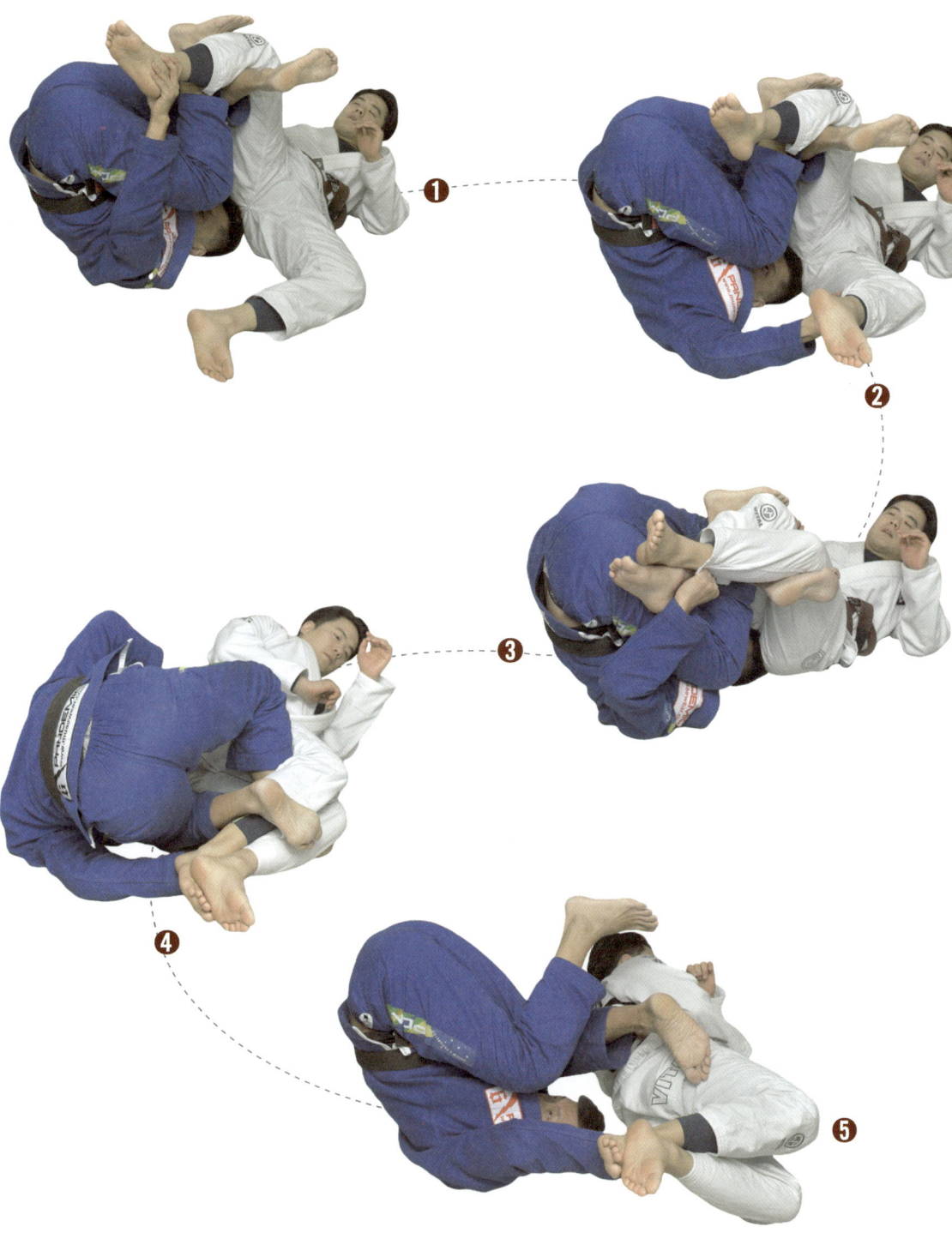

218

5. 50/50 가드 스파이더 그립 백 테이킹

50/50 가드에서 상대방의 한쪽 팔을 스파이더 그립으로 잡고 다른 손으로 목깃을 잡으며 상대방을 밀어 눕힌다. 그다음 50/50으로 감긴 다리를 상대방의 반대쪽 옆구리로 밀어 넣으며 상대방을 잡아당겨 자신의 몸에 밀착시킨다. 그런 후에 상대방의 소매깃을 바꾸어 잡고 다른 손으로 옆구리 쪽을 잡으며 상대방을 당겨 백 마운트를 잡는다. 상대방의 등 쪽으로 돌아 들어갈 때 발목 훅을 허벅지에 걸어 상대방이 탈출하지 못하도록 한다.

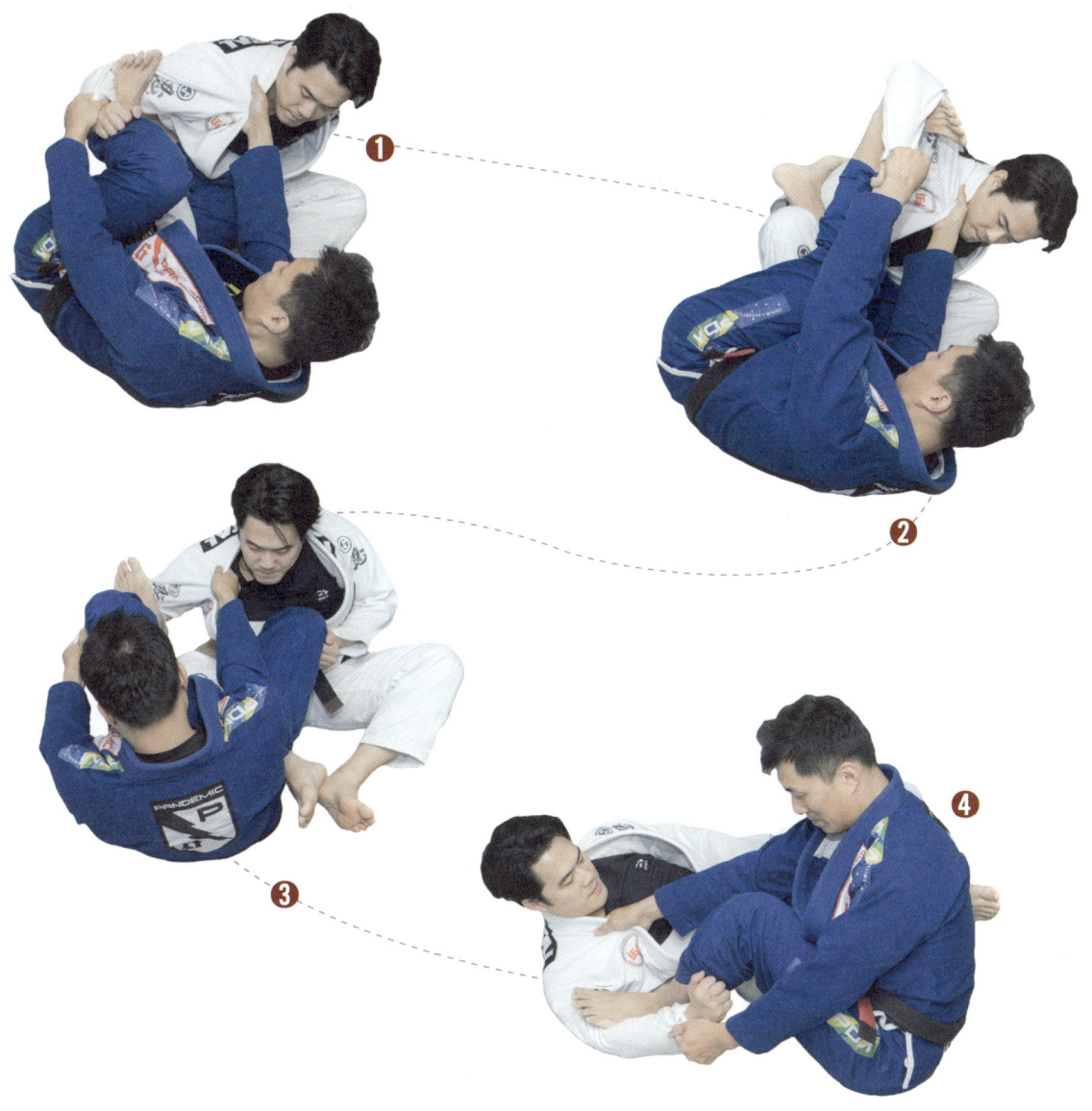

Chapter 9 약자의 무적 방패

221

하체 관절기(Leg Lock) 지도의 필요성과 주의사항

많은 주짓수 지도자가 고민하는 부분인 하체 관절기(Leg Lock) 지도에 대해 설명해보겠다. 하체 관절기(Leg Lock) 지도를 주저하는 이유는 부상의 위험이 가장 크다는 것이다. 우선 하체 관절기에 대한 궁금증은 필자가 집필한 책 『누구나 쉽게 배우는 주짓수 입문』에 실린 내용, '하체 관절기(Leg Lock)에 대한 진실 혹은 거짓'으로 설명할 수 있다.

1. 화이트벨트는 주짓수 대회에서 하체 관절기를 쓸 수 없다?

[거짓] IBJJF 규칙에 따르면 주짓수 대회에서 화이트벨트는 일렉트릭 체어, 바나나 스플릿, 스트레이트 앵클락(아킬레스 홀드) 사용이 가능하며, 니바와 토홀드는 브라운벨트 이상에서 사용이 가능하다.

2. 하체 관절기는 부상 위험이 크다.

[진실] 하체 관절기에 걸려서 통증이 느껴질 때면 최소한 경미한 부상이라도 발생한 것으로 특히 IBJJF 규칙에서 모든 벨트에서 금지되어 있는 힐훅(Heel Hook)을 비롯한 하체 관절기는 기술에 걸렸을 때 무릎 혹은 발목 인대가 손상된 이후에 통증을 느끼기 때문에 부상 방지를 위한 탭의 타이밍을 잡기 쉽지 않다.

또한 무릎이나 발목 인대가 손상된 경우 부상의 정도가 경미하더라도 3개월 이상 치료와 재활이 필요하며, 완전 파열의 경우 6개월에서 1년 가까운 치료와 재활의 시간을 필요로 하므로 하체 관절기 연습에는 지도자의 관리하에 세심한 주의가 필요하다.

3. 주짓수 대회에서 하체 관절기 시도는 포지션 싸움에 불리하다.

[진실] 포지션의 불리함은 주짓수 대회에서 하체 관절기뿐만 아니라 서브미션을 주특기로 가지고 있는 주짓수 수련자들이 겪을 수 있는 어려움으로 하체 관절을 걸 수 있는 상황 자체가 포지션 싸움에서 불리한 자세가 대부분이기 때문에 기술이 실패할 때 스윕 혹은 백 마운트 등을 상대방에게 허용할 확률이 높아진다.

4. 하체 관절기는 부상의 위험이 크고 포지션 싸움에 불리해지기 때문에 배울 필요가 없다.

[거짓] 당신은 2m가 넘는 거구의 상대를 테이크다운 시키고 풀 마운트로 올라탄 후 암바를 시도할 수 있는지? 만약 당신이 일반적인 주짓수 기술로 상대할 수 없는 엄청난 덩치의 상대에게 시도할 수 있는 유일한 기술은 기습적으로 시도하는 하체 관절기 뿐이다. 하체 관절기의 유용함은 이미 주짓수, MMA 경기 및 길거리 싸움에서 증명된 바 있다. 부상의 위험을 인지하고 주의를 기울여 수련한다면 하체 관절기는 위험의 순간에 자신을 지킬 수 있는 필살기가 될 수 있다. 위 내용과 같이 하체 관절기(Leg Lock)지도는 필요하나 부상 위험, 초심자들은 기본기가 자리잡지 못할 위험 등이 있기 때문에 많은 지도자들이 망설이고 있다.

또한 주짓수계에서 절대적인 영향력을 미치는 IBJJF에서는 하체 관절기의 대표 포지션인 니 립핑(Knee Reaping)이나 힐훅 등이 허용되지 않기 때문에 더욱 지도에 주저하게 된다. 하지만 최근 EBI(에디 브라보 인비테이셔널), Pro Grappling 및 폴라리스 등에서 힐훅 등 IBJJF에서 금지시키는 반칙 포지션 및 기술이 허용되는 대회들이 성황리에 열리면서 IBJJF의 기준이 반드시 옳은가에 대해 회의감이 들기 시작했다. 이러한 필요성에 최근 IBJJF의 규칙에서 벗어나 다양한 하체 관절기 기술 지도를 시작하고 있다. 필자는 하체 관절기 기술 지도를 다음과 같은 원칙으로 지도하고 있다.

- 하체 관절기는 주짓수 화이트벨트 2그랄~블루벨트 이상인 관원을 지도
→ 초보자들은 기본 포지션의 개념이 흔들릴 수 있기 때문에

- 인버티드 드릴 움직임이 충분히 나오는 관원을 지도
→ 하체 관절기 포지션 진입은 대부분 인버티드 드릴을 동반

- 하체 관절기의 위험성을 항상 주지시킴
→ 골반-무릎-발목으로 이어지는 하체 관절의 움직임을 이해시켜 부상의 위험성을 인지시킴

- 하체 관절기 기술보다 포지션 엔트리의 지도에 집중
→ 하체 관절기는 관절기 그 자체보다 유리한 포지션을 선점하는 것이 중요

- 하체 관절기가 걸릴 수 있는 정확한 포지션에 걸리면 바로 탭을 치게 함
→ 정확하게 하체 관절기 포지션이 나오면 부상 방지를 위해 탭을 치는 것이 중요

Chapter 10

탑과 가드의 경계선이 사라진다, 모던 주짓수 가드 패스 기술

01 | 50/50 가드 패스

1. 50/50 가드 스크램블 패스

50/50 가드가 얽힌 다리를 발등이 바닥으로 향하게 하고 상대방의 소매깃을 잡아 공간을 확보한다. 그다음 앞으로 롤링하며 얽힌 다리를 돌려 상대방의 엉덩이 쪽으로 상체를 이동시키며 바지 뒤쪽을 잡아당긴다. 마지막으로 상대방의 양쪽 오금에 발목을 걸고 당겨서 백 포지션을 잡는다.

02 오버 언더 패스

1. 오버 언더 스크램블 가드 패스

상대방의 다리를 겨드랑이 밑에 끼고 한 손으로 상대방의 벨트를 잡고, 다른 손으로는 바지 깃을 잡은 후 앞으로 롤링하며 엉덩이 쪽으로 파고든 다음 상대방의 등 쪽으로 붙는다. 그다음 상대방의 목 뒤 깃을 잡아당기며 백 포지션을 잡는다.

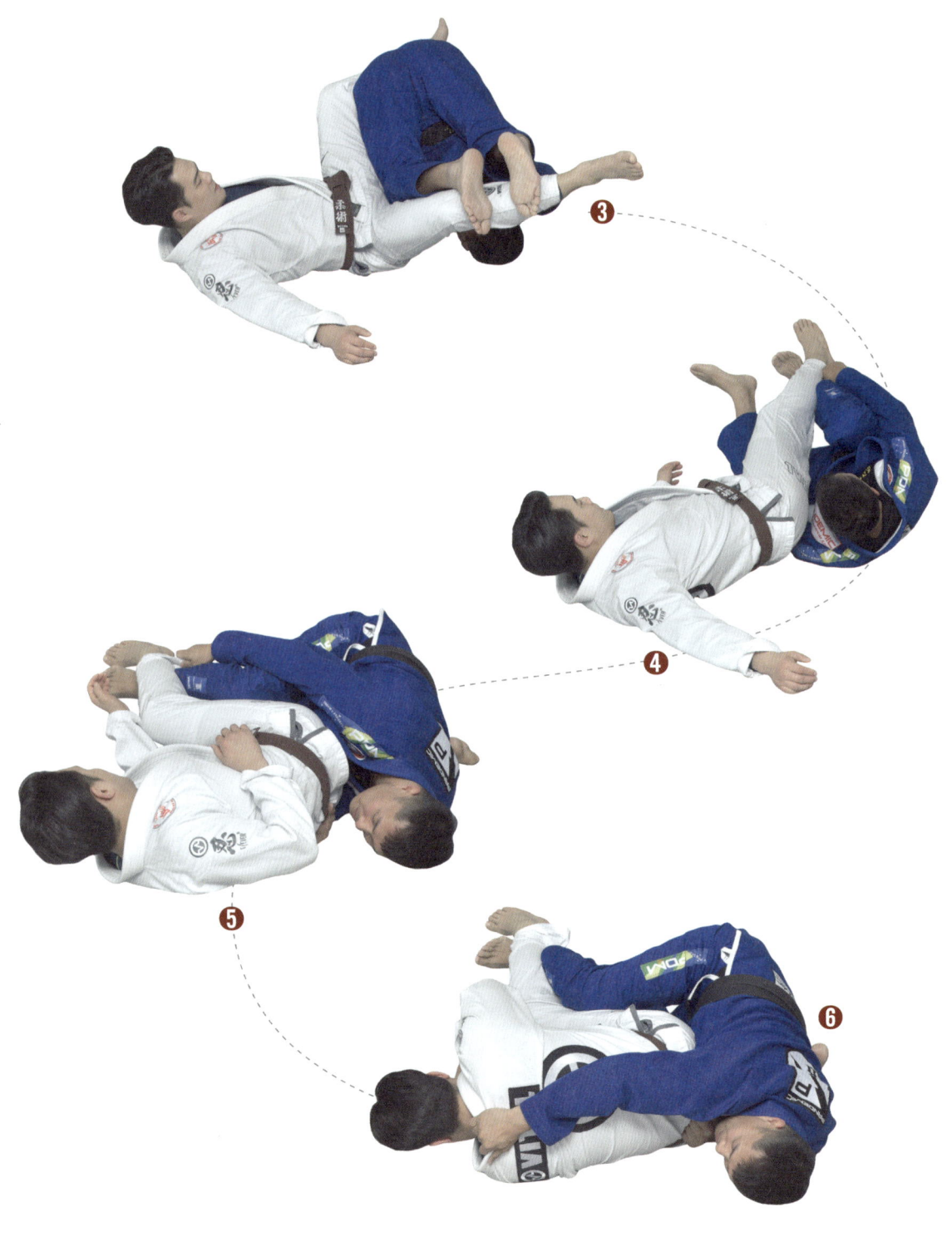

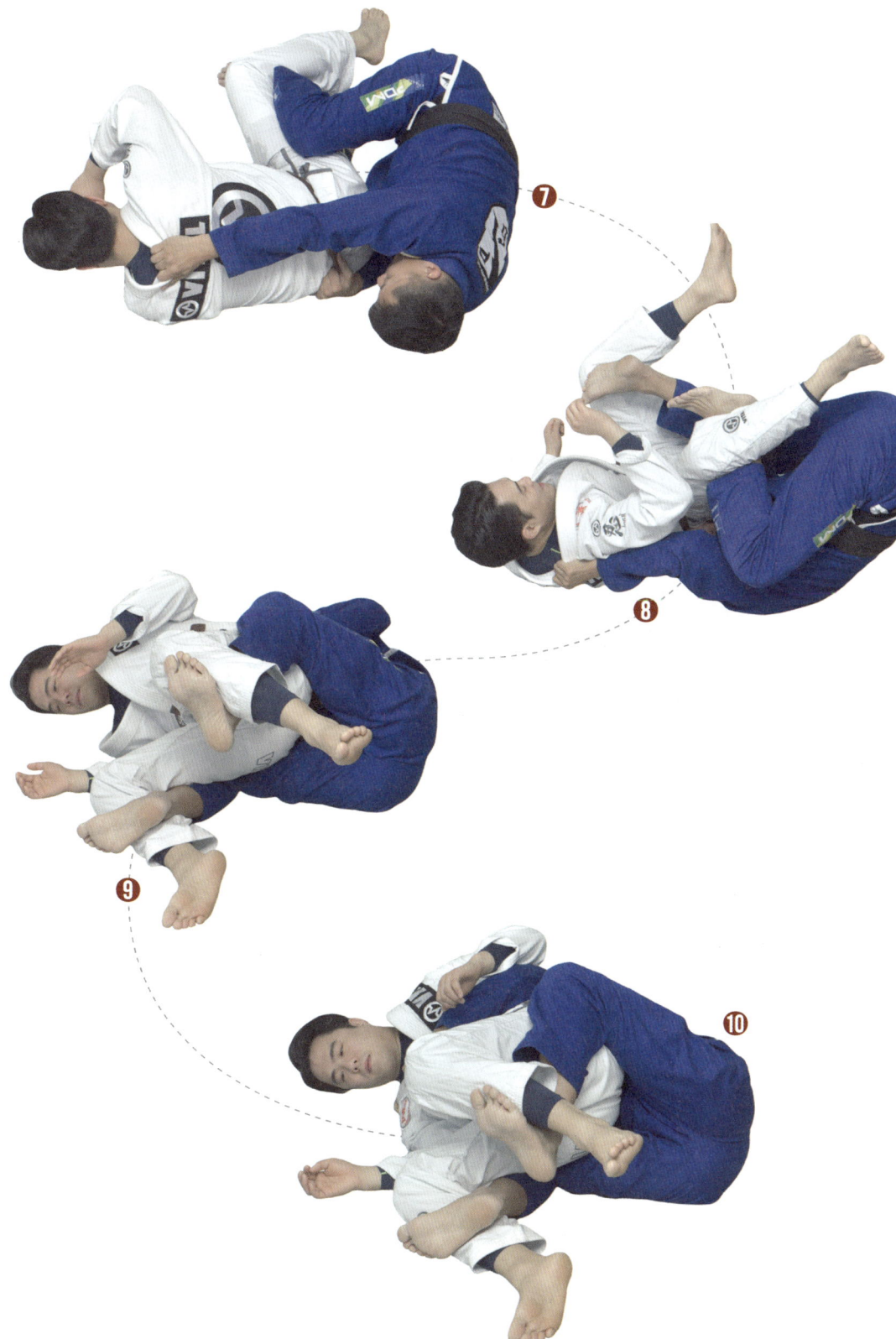

Chapter 10 탑과 가드의 경계선이 사라진다

231

03 | 데라히바 가드 패스

1. 데라히바 스매시 가드 패스

데라히바 가드에 잡혔을 때 한 손은 목깃, 다른 손으로는 상대방의 무릎을 잡은 후 무릎을 옆으로 밀면서 몸을 숙여 상대방을 압박한다. 데라히바 훅에 걸렸던 다리로 상대방의 다리를 눌러주면서 같은 방향으로 몸 전체의 체중을 이용하여 압박하며 다리를 빼내서 풀 마운트 자세를 확보한다.

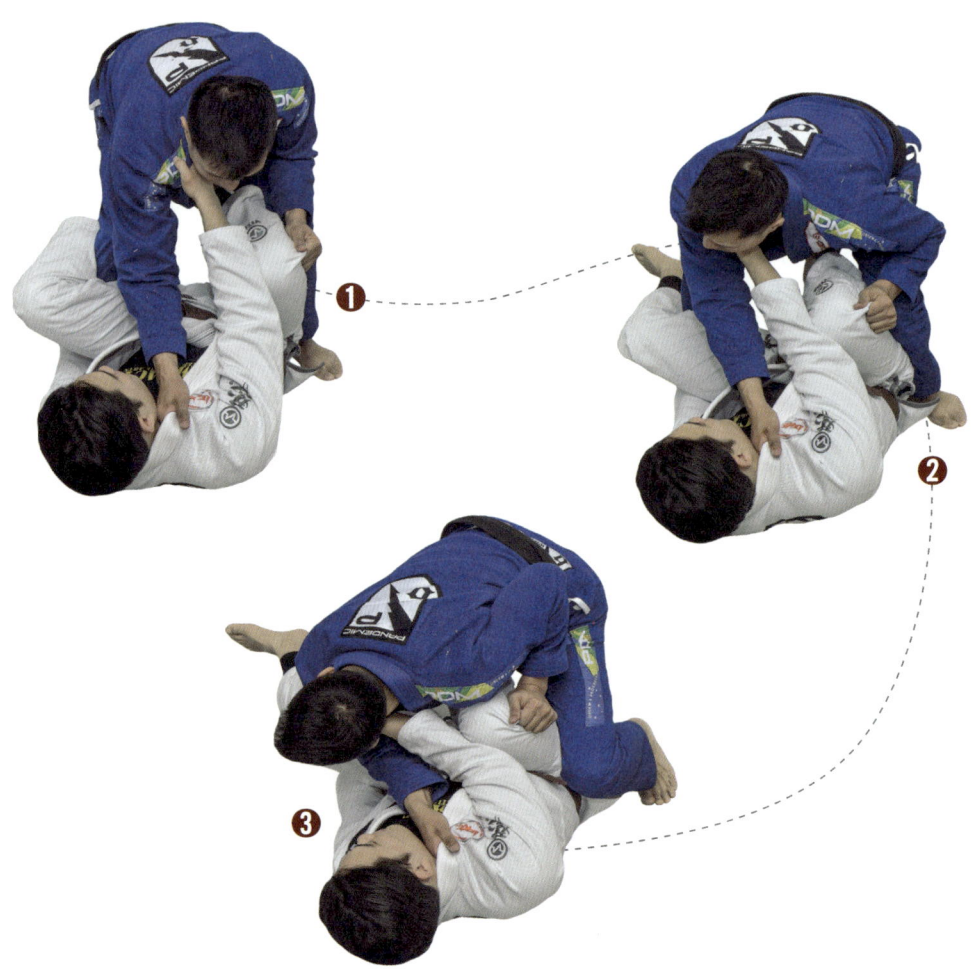

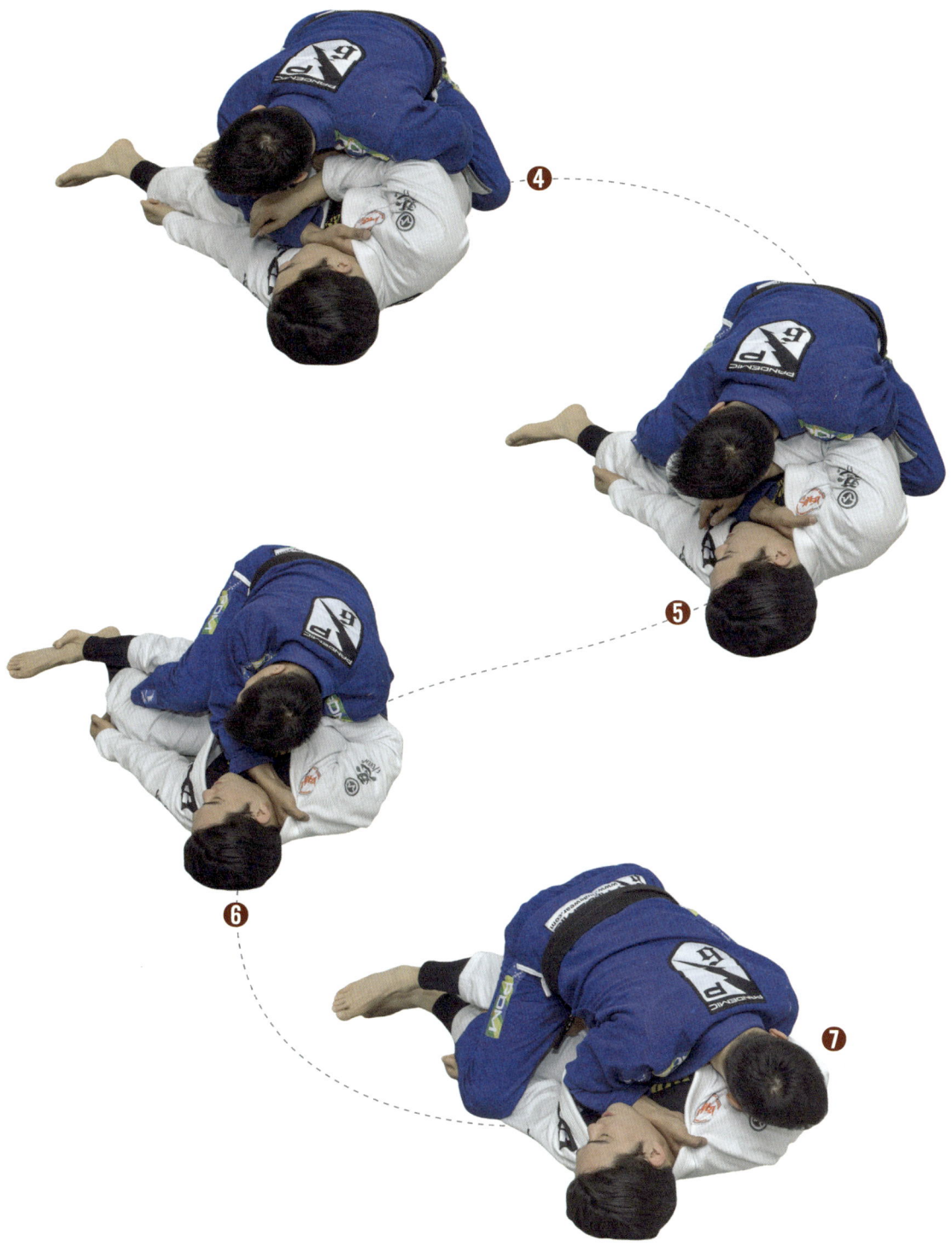

2. 데라히바 니컷 레그 드래그 가드 패스

상대방에게 다리와 목깃을 잡힌 상태로 데라히바 가드에 잡혀 있을 때 두 손을 이용하여 상대방의 목깃을 떼어낸 후 상대방 바지 깃을 손으로 잡아 누르고 무릎을 이용하여 상대방의 허벅지를 눌러서 옆으로 이동한다. 이때 상대방이 아래쪽 다리를 뻗어 패스를 저지하려 할 때 그 다리를 반대쪽으로 당기며 레그 드래그 자세를 만든 후 등 쪽으로 이동하여 패스한다.

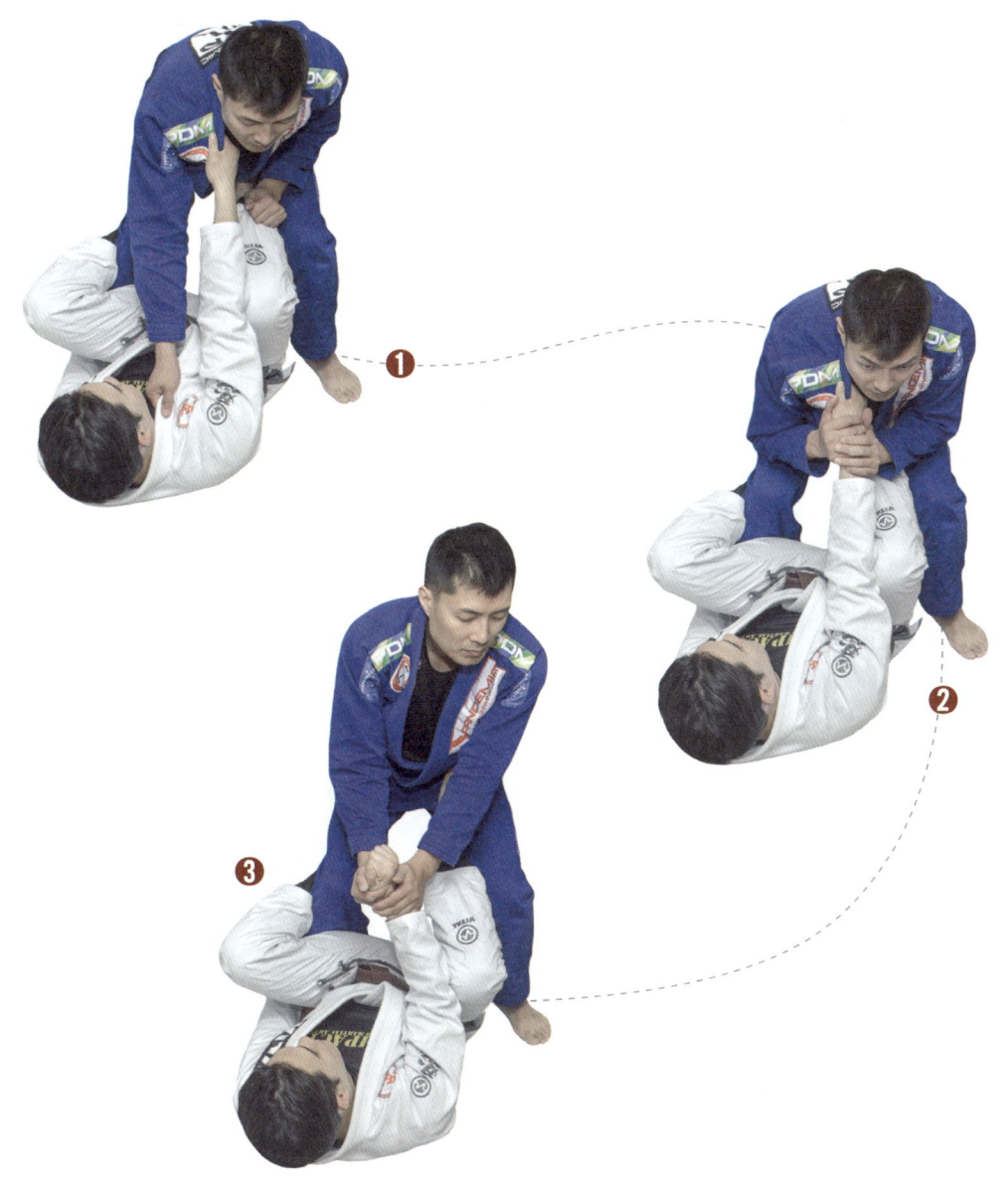

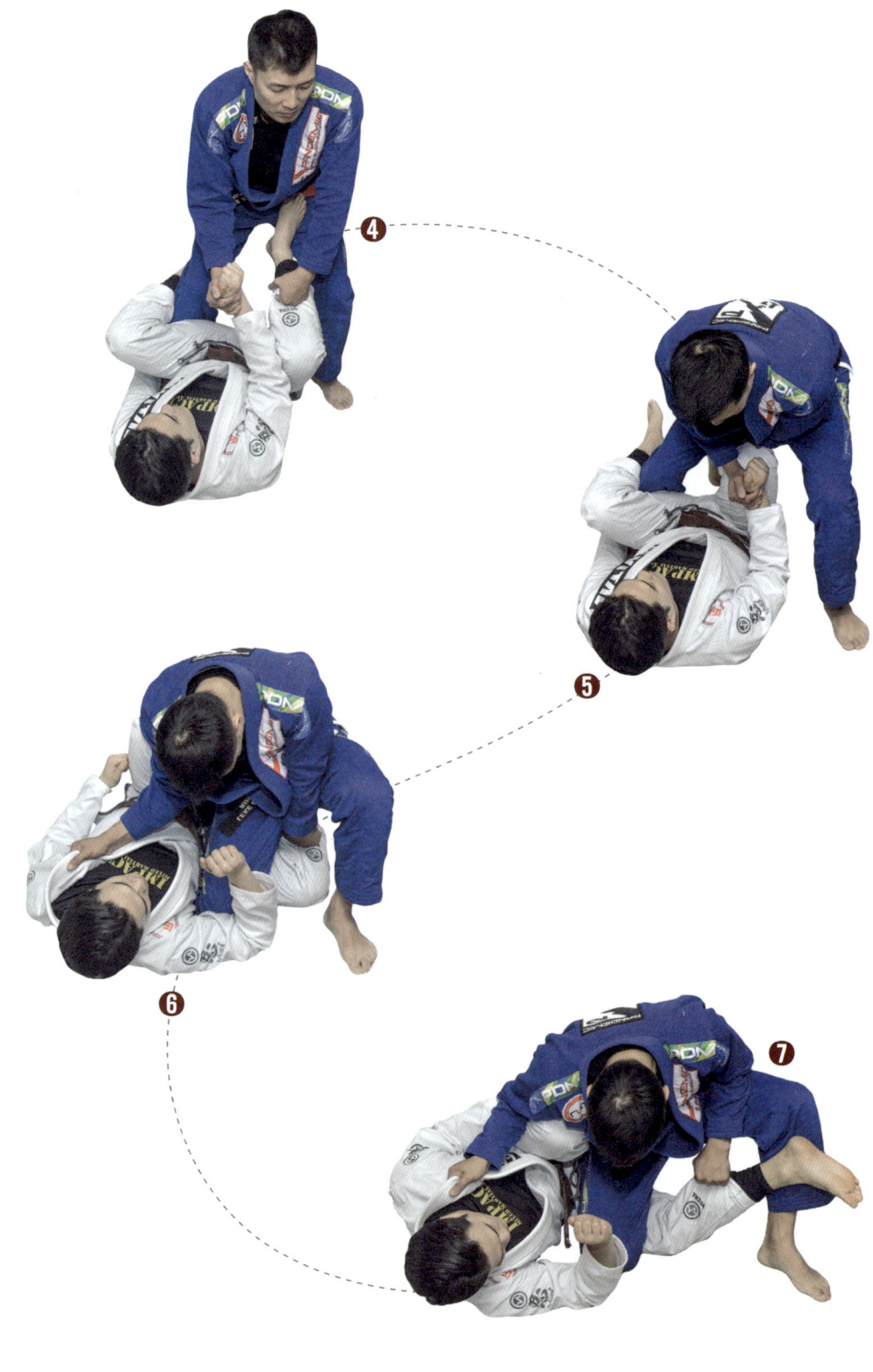

3. 데라히바 롱 스탭 패스

상대방이 데라히바 가드를 잡았을 때 데라히바 훅이 걸린 다리 쪽을 눌러주며 훅을 약하게 만들고 다른 쪽 다리를 눌러 몸에서 멀어지게 만든다. 그다음 데라히바 훅이 걸린 다리 쪽을 눌러주던 팔로 상대방의 목을 감으며 다리를 바꿔서 옆으로 이동한다. 그런 이후에 상대방의 머리 쪽으로 이동하여 다음 사이드 포지션을 잡는다.

Chapter 10 탑과 가드의 경계선이 사라진다

04 | 버터플라이 가드 패스

1. 버터플라이 가드 패스

버터플라이 가드에 잡혔을 때 양 무릎을 꿇고 앉은 다음 한 손으로는 상대방의 벨트를 잡고 다른 손으로는 상대방의 바지 깃을 잡는다. 그다음 바지 깃을 잡은 쪽 어깨로 상대를 압박하며 몸을 기울이면서 반대쪽 다리를 높게 차올리며 상대방의 다리 훅을 떨쳐내고 옆으로 이동한다. 이후에 다리를 바꾸며 사이드 포지션을 잡는다.

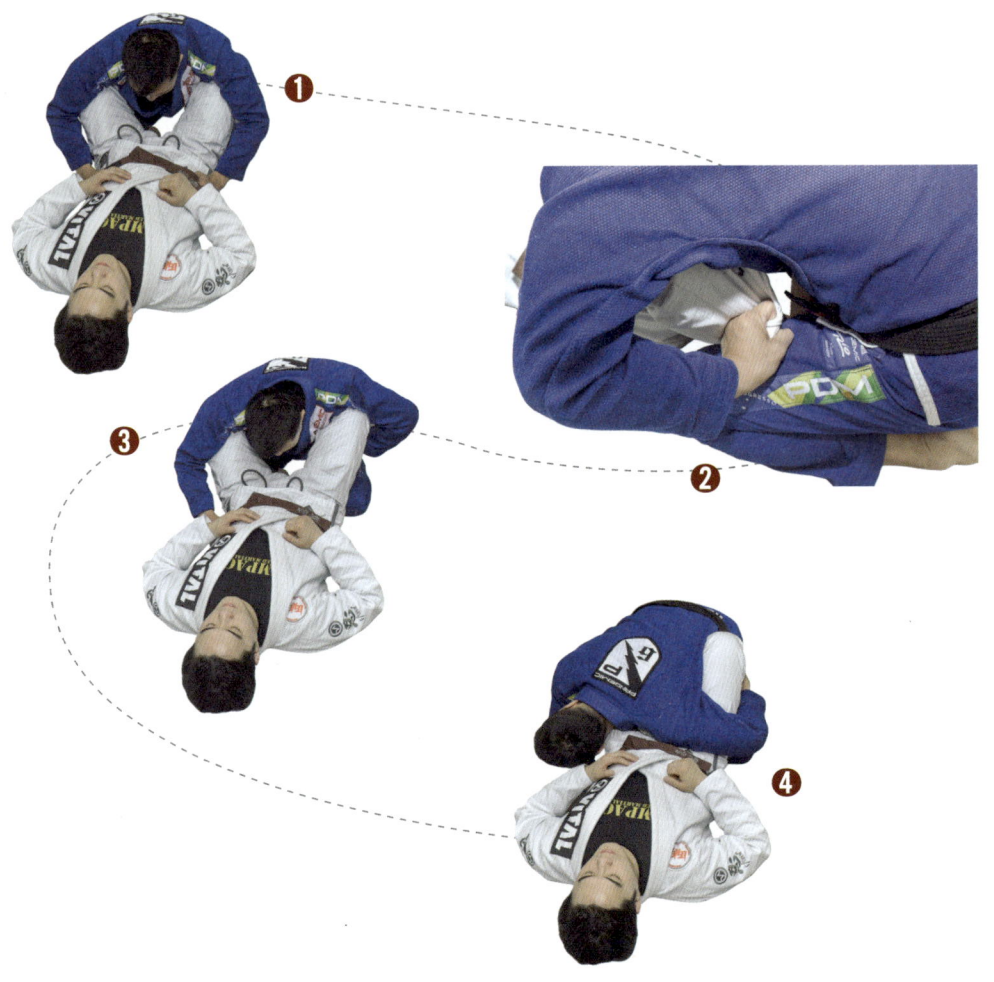

Chapter 10 탑과 가드의 경계선이 사라진다

241

05 X-가드 패스

1. 싱글렉 X-가드 패스 ①

싱글 렉을 잡힌 다리 무릎을 안쪽으로 비틀며 상대방을 압박한 후 골반에 있는 다리를 치우는 동시에 백 스텝으로 이동하고 상대방의 사이드 포지션으로 이동하여 가드 패스한다.

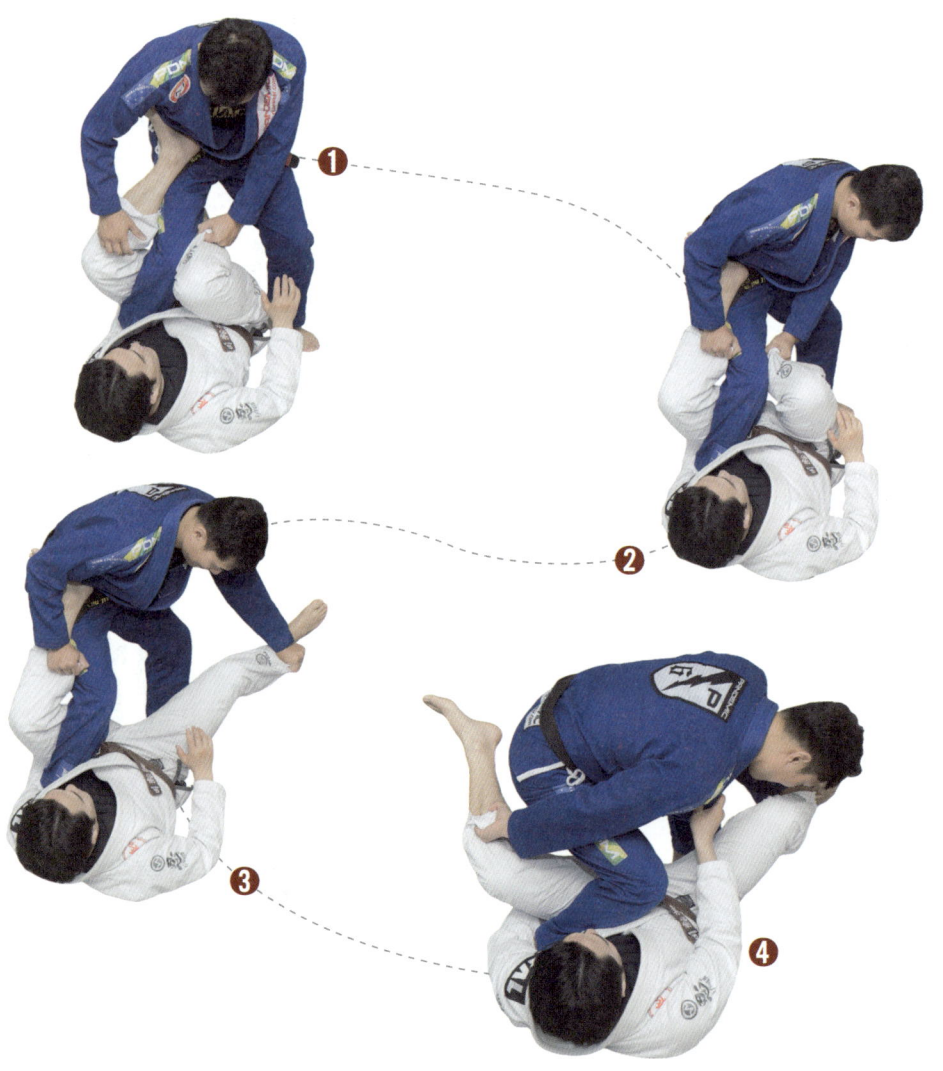

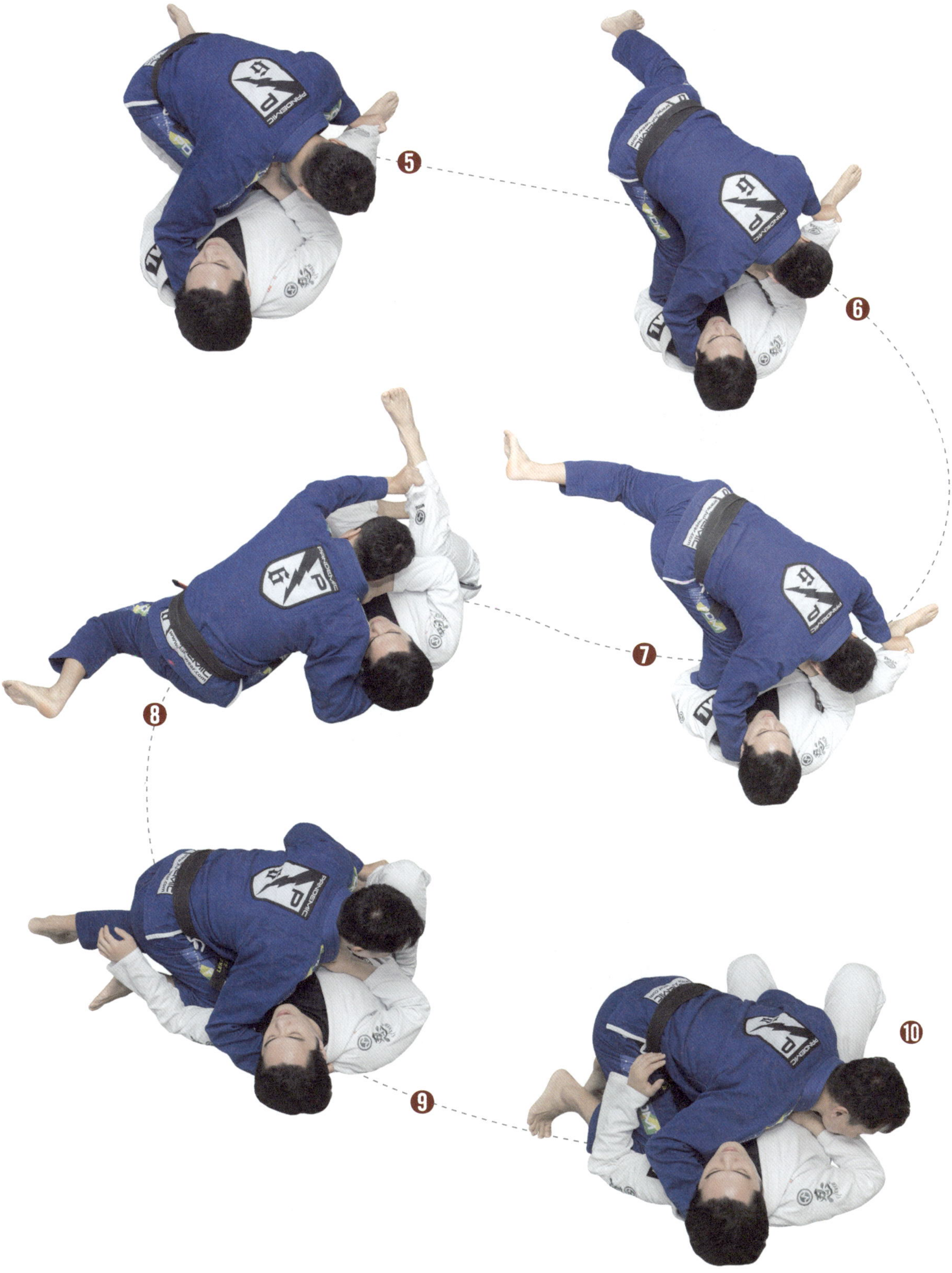

Chapter 10 탑과 가드의 경계선이 사라진다

243

2. 싱글렉 X-가드 패스 ②

골반에 있는 발을 옆으로 치우며 반대쪽 발은 아래로 눌러준다. 그다음 몸을 90도 회전하며 S-마운트 자세로 상대방을 압박하며 상체로 앉는다. 그리고 풀 마운트를 잡는다.

3. 싱글렉 X-가드 패스 ③

싱글 렉을 잡힌 다리를 몸 안쪽으로 90도 회전하며 골반에 다리를 못 얹게 하면서 다른 쪽 다리를 손으로 밀어준다. 그다음 다리를 바꾸며 상대방 엉덩이 쪽으로 누운 후에 상대방의 바지와 벨트를 잡고 일어나며 레그 드래그 자세를 취해주며 가드 패스한다.

⑩

⑪

⑫

⑬

⑭

⑮

누구나 최강자가 되는 모던 주짓수

248

4. 더블렉 X-가드 패스

상대방이 더블렉 X-가드를 잡고 다리를 들어 올리려 할 때 잡힌 다리를 상대방의 반대쪽 어깨로 넘김과 동시에 그대로 슬라이딩하며 상대방의 목을 감아 X-가드 자세를 무너트린다. 그다음 사이드 마운트를 잡고 가드 패스를 완성한다.

모던 주짓수의 폐해(?)

최근 주짓수 기술의 발전과 SNS, 유튜브 등의 다양한 매체를 통해 중고급 수준의 기술들을 주짓수 입문자들도 쉽게 접하게 되었다.

십수 년 전 필자가 수련했던 당시 화이트벨트 수련자와 비교해보면 괄목상대할만한 기술 수준 발전이 이루어졌으나 이에 따른 '잦은 부상 발생'이라는 부작용도 발생하고 있다.

주짓수라는 무술 자체가 신체의 근육과 관절, 인대와 건 등이 유기적으로 움직여 상대를 제압하는데 특정 부위에 지속적인 스트레스가 쌓이고 회복의 시간을 갖지 못한다면 부상은 피할 수 없다. 특히 화려한 움직임으로 각광받는 모던 주짓수 스타일은 특히 유연성과 근력을 요구하는데, 주짓수에 적합한 신체능력을 아직 갖추지 못하거나 선천적으로 유연하지 못한 주짓수 입문자들이 따라 하는 경우 큰 부상의 위험이 도사리고 있다.

예를 들어 라쏘 가드의 경우 상대의 소매를 잡는 자신의 손가락과 손목에 지속적인 스트레스가 발생하며, 데라히바 가드의 경우 자신의 다리를 상대 다리 밖에서 안으로 얽어매는 자세에서 자신의 무릎에 부하가 걸릴 수밖에 없는 동작이다.

이런 모던 주짓수를 수련하고자 하는 경우에는 다음에 역점을 두고 연습하기 바란다.

1. 신체 능력 강화를 위한 보조 훈련으로 근력과 유연성을 강화해준다.
2. 운동 전 웜업 운동과 운동 후 쿨다운 운동을 실시한다.
3. 모던 기술을 원활히 사용하기 위한 드릴(예. 인버티드 드릴)의 사전 연습이 필요하다.
4. 특정 부위를 지속적으로 사용하지 않게 주력 기술의 다양화를 연마한다.

특히 4번째로 언급한 자신의 주력 기술을 다양화시킴으로써 부상을 방지하는 방법을 예로 든다면 본인이 다리를 바깥쪽에서 안쪽으로 감는 데라히바 가드를 주력으로 사용하는 경우 보조 주력기술로 다리를 안쪽에서만 사용하는 버터플라이 가드를 익혀서 무릎에 부담을 줄여주는 것이 좋다. 신발 한 켤레로 계속 신는 것과 두 켤레를 번갈아 가면서 신는 것 중 어떤 경우가 신발을 더 오래 신을 수 있는지와 비슷한 이치라 할 수 있다.

Chapter 11

모던 주짓수 스타일의 관절기 및 조르기

01 | 암바

1. 클로즈드 가드 롤링 암바

클로즈드 가드 상태에서 상대방을 끌어당기며 상대방의 팔을 어깨 위로 감아 잡은 다음, 바깥쪽 다리를 상대방 턱 밑으로 감아 넣은 후 리버스 암바를 잡는다. 상대방이 앞으로 롤링하며 탈출하려 할 때는 같이 몸을 돌려 따라가며 암바로 마무리한다.

Chapter 11 모던 주짓수 스타일의 관절기 및 조르기

255

2. 크로스 암바

상대방이 오버-언더 자세로 가드 패스를 시도할 때 다리 사이에 들어와 있는 상대방 팔을 잡아당기며 반대쪽 발을 상대방 목에 건 후에 다리를 교차해서 감으며 암바를 건다.

3. 오픈 가드 암바

상대방이 클로즈드 가드를 풀고 일어나려 할 때 상대방의 한쪽 팔을 잡아당기며 다른 팔로는 발목을 잡고 회전하여 암바 자세를 잡고 넘어트리며 암바를 건다.

4. 스탠딩 플라잉 암바

상대방 팔과 목깃을 엇갈리게 잡은 후 발을 골반에 대고 뛰어오르며 반대쪽 발을 상대방 머리 쪽으로 넘겨 암바 자세를 잡는다. 그다음 상대방을 넘어트려 암바를 건다.

5. 싯팅 가드 상태로 플라잉 암바

상대방이 싯팅 가드 상태에서 손을 뻗쳐 목깃을 잡고 있을 때 상대방의 팔과 목깃을 엇갈려 잡은 다음 발을 상대방 골반 안쪽으로 밀어 넣는다. 그리고 상대방의 팔을 축으로 하여 남은 다리를 머리 쪽으로 넘어가며 암바를 건다.

6. 하프 가드 롤링 암바

하프 가드를 잡은 상태에서 상대방 팔의 손목을 잡고 키락 그립을 잡는다. 그다음 발을 딛고 엉덩이를 빼낸 다음 키락 그립을 잡고 있는 팔의 겨드랑이로 밀어 넣고 인버티드 롤링을 하며 암바를 건다.

7. 터틀 포지션 암바

상대방이 터틀 포지션인 상태에서 한 손으로 띠를 잡고 다른 손으로 상대 겨드랑이를 감고 키락 그립을 잡는다.

그다음 상대방의 팔을 감은 쪽 반대편으로 이동하며 한쪽 다리는 상대방의 머리 쪽으로 다른 다리는 겨드랑이에 끼고 상대방을 당기며 암바를 건다.

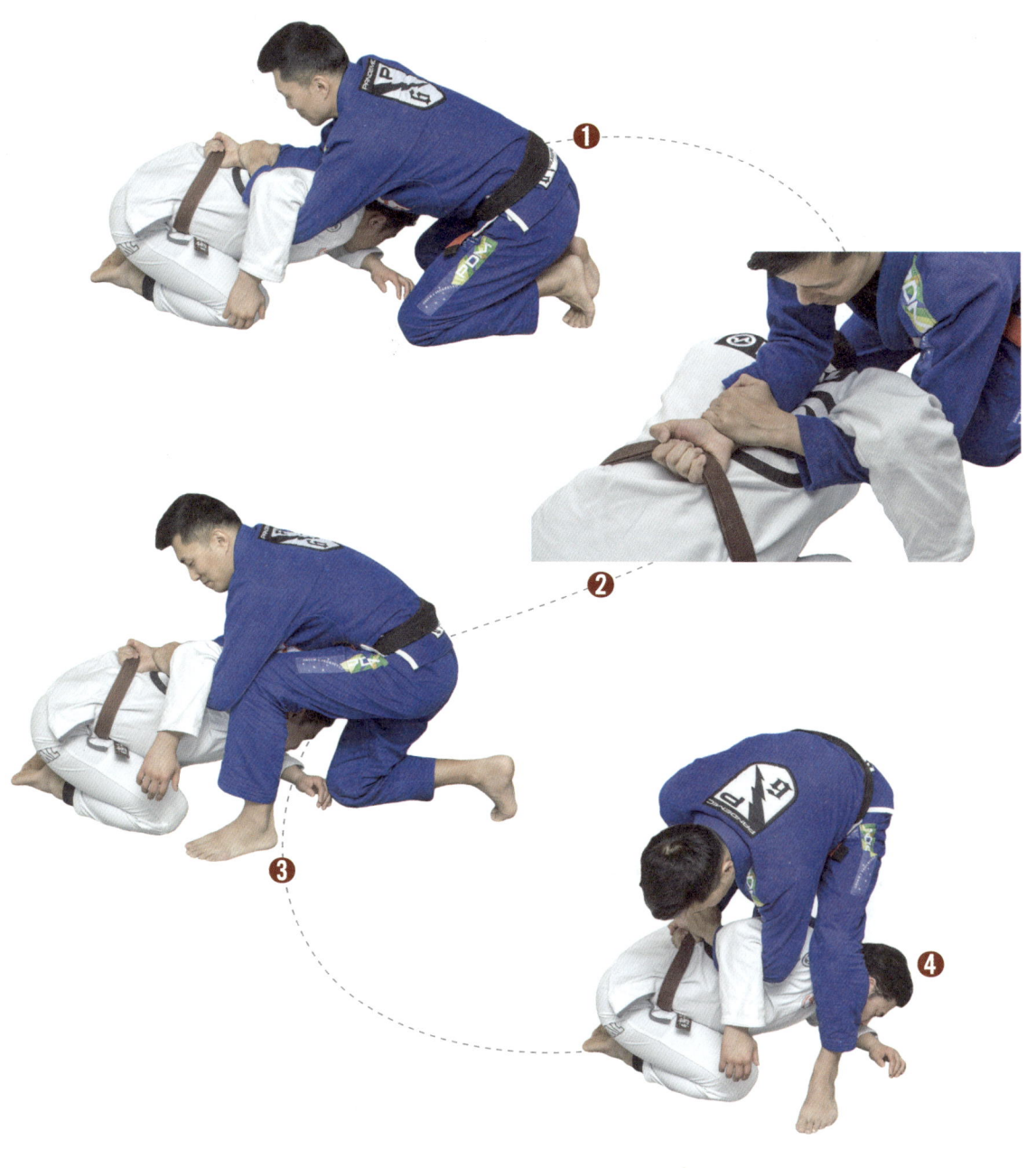

02 키락

1. 사이드 포지션 키락

상대방이 사이드 포지션을 잡았을 때 반대쪽으로 숄더 브릿지 하면서 상대방의 팔에 키락 그립을 잡는다. 이후 상대편 쪽으로 몸을 돌리고 어깨를 압박하며 상대방을 앞으로 넘긴다.
포지션을 역전시킨 후 키락을 걸거나 상대방 머리 위쪽으로 다리를 넘겨 암바를 건다.

2. 남북자세 키락

상대방에게 남북자세를 잡혔을 때 상대방의 양 겨드랑이를 잡고 밀어 올린 후 상대편 손목을 잡은 후 하이 키락 그립을 잡는다.

그다음 몸을 안쪽으로 90도 회전하면서 한쪽 다리는 겨드랑이, 다른 다리는 머리 쪽으로 넘기며 상대방의 상체를 고정시킨 후 키락을 건다.

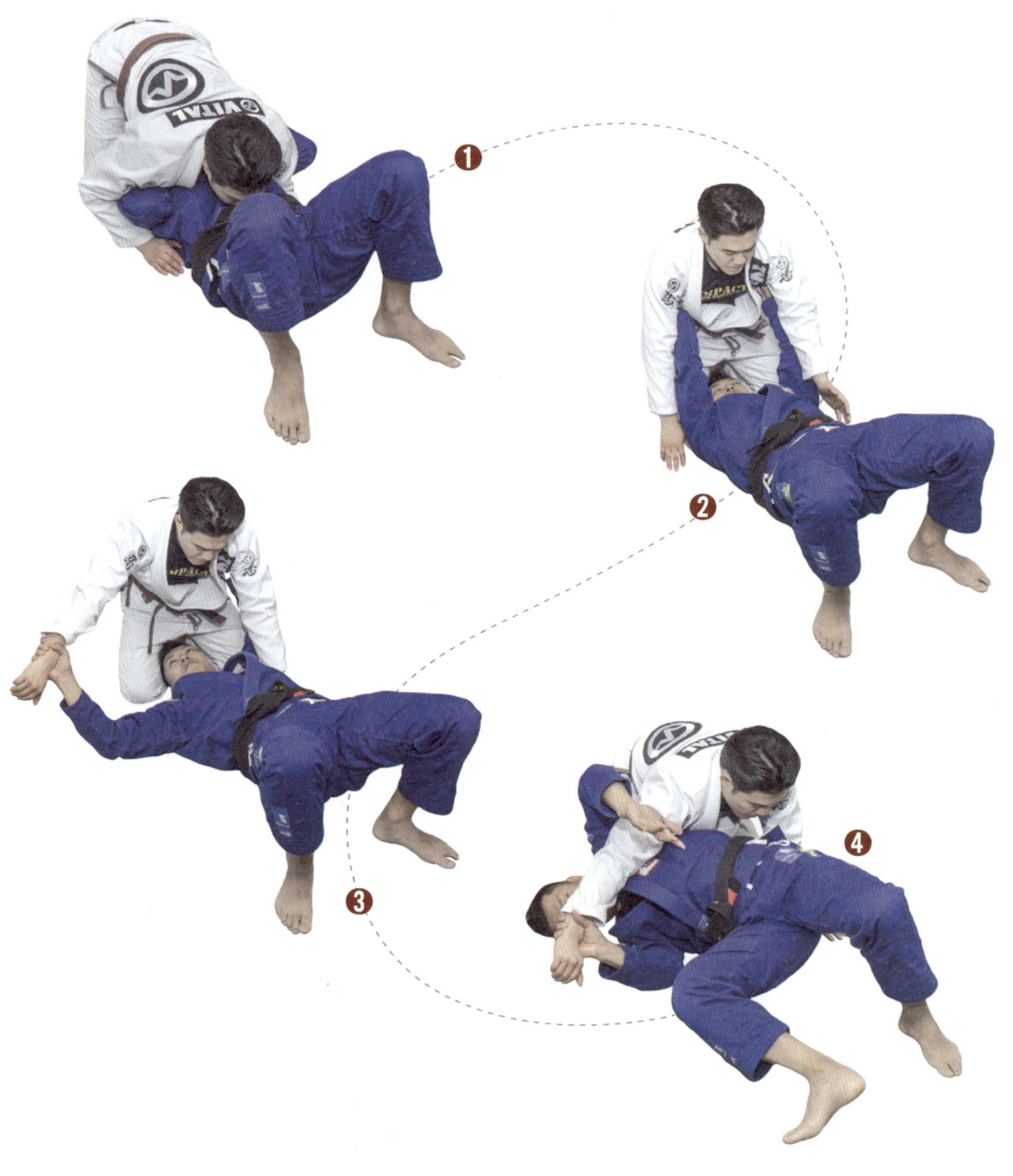

3. 삼각 조르기 키락 암바

삼각 조르기를 잡았는데 상대방이 무릎을 잡고 뜯어내려 할 때 키락 그립을 잡은 후 팔을 자신의 몸과 평행이 되게 당기면서 암바를 건다.

4. 프런트 마운트에 깔렸을 때 키락

프런트 마운트에 깔렸을 때 두 손으로 상대방의 한쪽 다리를 밀면서 몸을 빼내어 공간을 만든 후 압박하려고 다가오는 상대방 손목을 잡고 로우 키락을 잡는다. 이후 브릿지 하면서 상대방을 바닥으로 굴린 다음 로우 키락을 완성한다.

5. 백 포지션을 잡혔을 때 키락

스탠딩 상태에서 상대방에게 백 포지션을 잡혔을 때 한쪽으로 몸을 비틀며 상대방 손목을 잡고 로우 키락을 잡는다. 그리고 상대방 팔을 뜯어내며 몸 뒤로 돌아 들어간다. 만약 상대방이 키락에 걸리지 않으려고 몸을 따라 돌면 상대방 겨드랑이에 팔을 밀어 넣어 백 포지션을 잡는다.

6. 싱글렉 테이크다운 잡혔을 때 카운터 키락

상대방이 한쪽 다리를 잡고 싱글렉 테이크다운을 시도할 때 다리 안쪽을 감고 있는 상대방 팔의 손목을 잡고 로우 키락 그립을 잡는다. 이후에 뒤로 누우며 잡혀 있는 다리로 상대방을 차올려 넘기면서 포지션을 역전시킨 다음 로우 키락으로 마무리한다.

03 오모플라타

1. 클로즈드 가드 롤링 오모플라타

클로즈드 가드에서 상대방 소매와 목깃을 잡고 잡아당기며 다리로 상대방 어깨를 감는다. 그다음 180도 회전을 하며 다리로 상대방 어깨를 감아 오모플라타를 건다.

오모플라타 자세에서 상대방에게 항복을 받아내는 기술에 대해 상세하게 살펴보면 다음과 같다.

• 어깨를 압박하는 기술

• 목깃을 손으로 감아 조르는 기술　　　　• 반대쪽 팔에 키락을 걸어 조르는 기술(크루서픽스)

• 상대편 등 쪽으로 붙어서 조르는 기술

- 상대편 등 쪽에서 다리를 걸어 압박하는 기술

- 상대방 등 쪽에서 오모플라타를 건 다리를 이용하여 압박하는 기술

2. 오모플라타에서 백 테이킹

오모플라타에 걸린 상대방이 몸을 일으켜 세웠을 때 바깥쪽 다리로 라쏘 그립을 잡은 후 오모플라타를 건 다리를 빼내 상대방 반대쪽 겨드랑이로 밀어 넣는다. 그다음 상대방 뒷목 깃을 잡고 당기면서 포지션을 잡는다.

3. 라쏘 그립에서 오모플라타

라쏘 그립을 잡은 상대방의 팔꿈치를 다른 쪽 손으로 잡아당기면서 무릎을 밀어 넣은 후 몸을 돌려 오모플라타 자세를 잡는다.

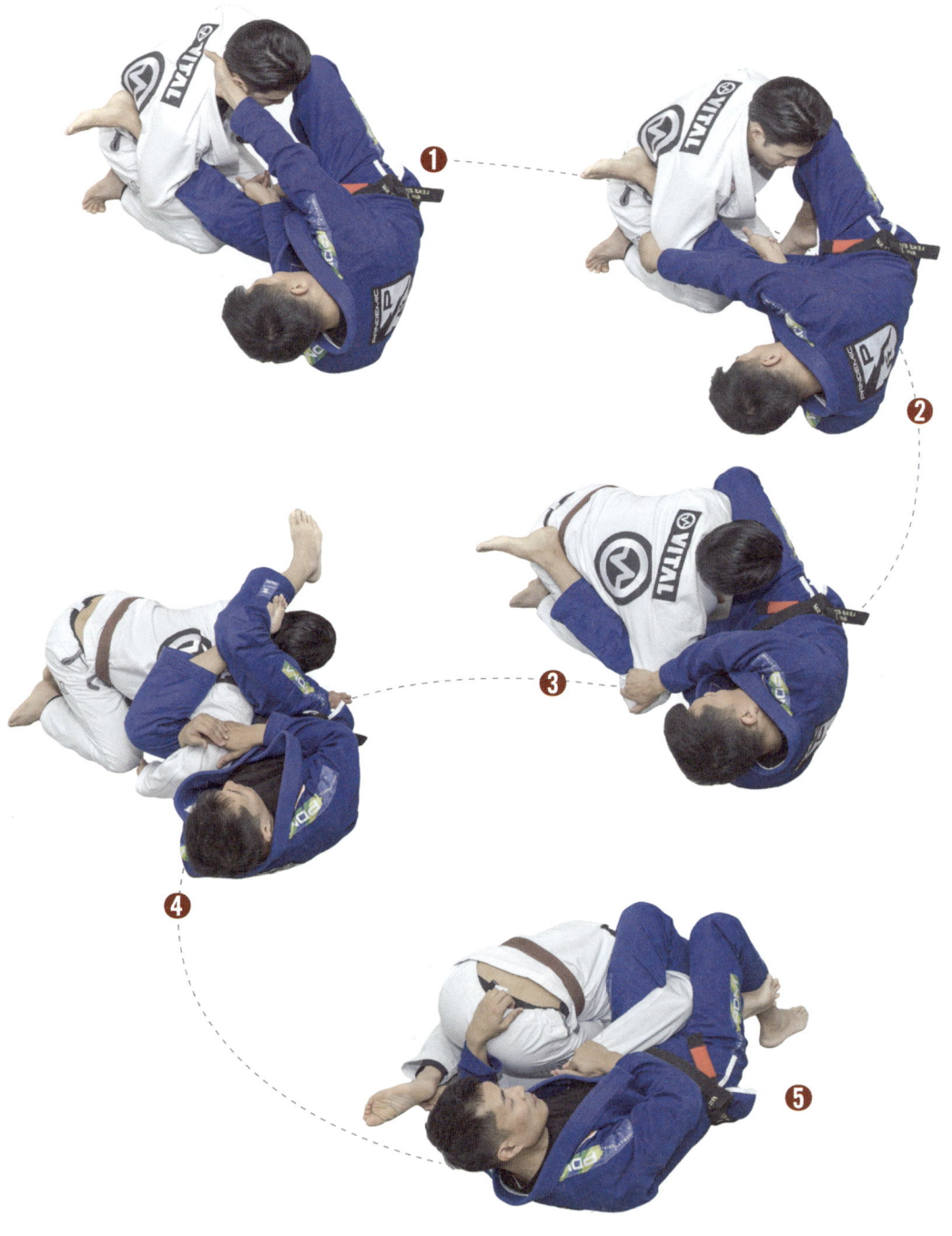

4. 싱글렉을 잡혔을 때 오모플라타 카운터

상대방에게 싱글렉을 잡혔을 때 버티며 상대방과 나란히 몸을 비튼 후 상대방의 소매를 잡고 앞으로 롤링하여 오모플라타를 잡는다.

Chapter 11 모던 주짓수 스타일의 관절기 및 조르기

289

5. 스파이더 가드에서 오모플라타

상대방의 한쪽 팔에 팔은 팔에 스파이더 가드 그립을 잡고 다른 발로 상대방 엉치를 딛으며 몸을 솟구쳐 상대방의 어깨에 다리를 감아 오모플라타를 건다.

6. 터틀 포지션에서 오모플라타

상대방이 터틀 포지션인 상태에서 한 손으로 띠를 잡고 다른 손으로 상대 겨드랑이를 감고 키락 그립을 잡는다.
그다음 상대방의 팔을 감은 쪽으로 다리를 밀어 넣으며 180도 회전하여 오모플라타를 건다.

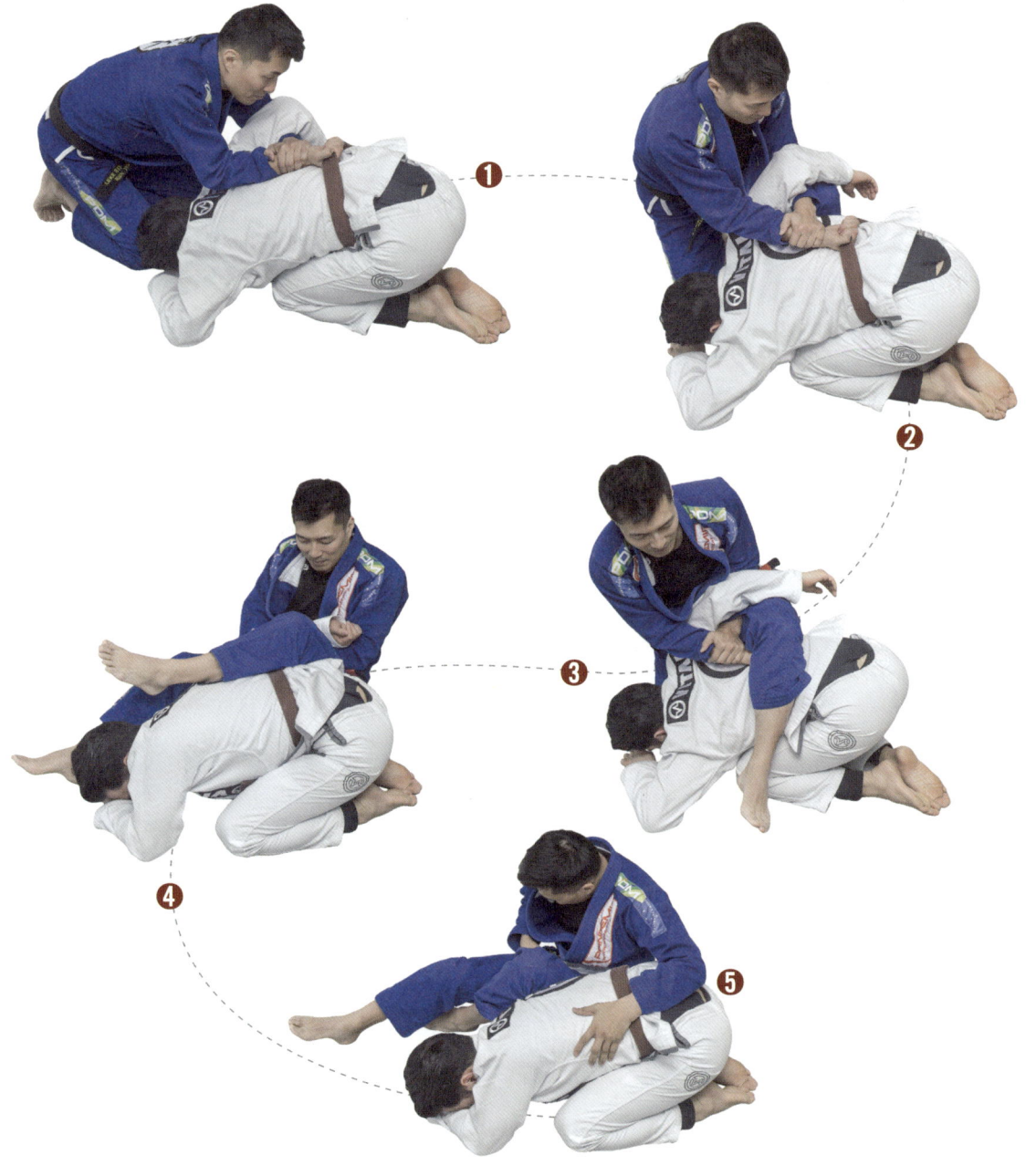

7. 오모플라타에서 다리 걸어 백 테이킹

오모플라타에 걸린 상대방이 몸을 일으켜 섰을 때 바깥쪽 다리를 넘겨서 상대방 오금 쪽으로 훅을 걸고 오모플라타를 건 다리를 빼내 상대방 반대쪽 오금에 밀어 넣는다. 그다음 상대방 띠를 잡고 당기면서 포지션을 잡는다.

04 삼각 조르기

1. 라쏘 가드 롤링 삼각 조르기

라쏘 가드에서 상대방 다리와 팔 사이 공간으로 회전해 들어가면서 상대방의 목을 다리로 감는다. 이후에 삼각 조르기 그립을 완성한다. 상대방이 버틸 때에는 암바로 전환한다.

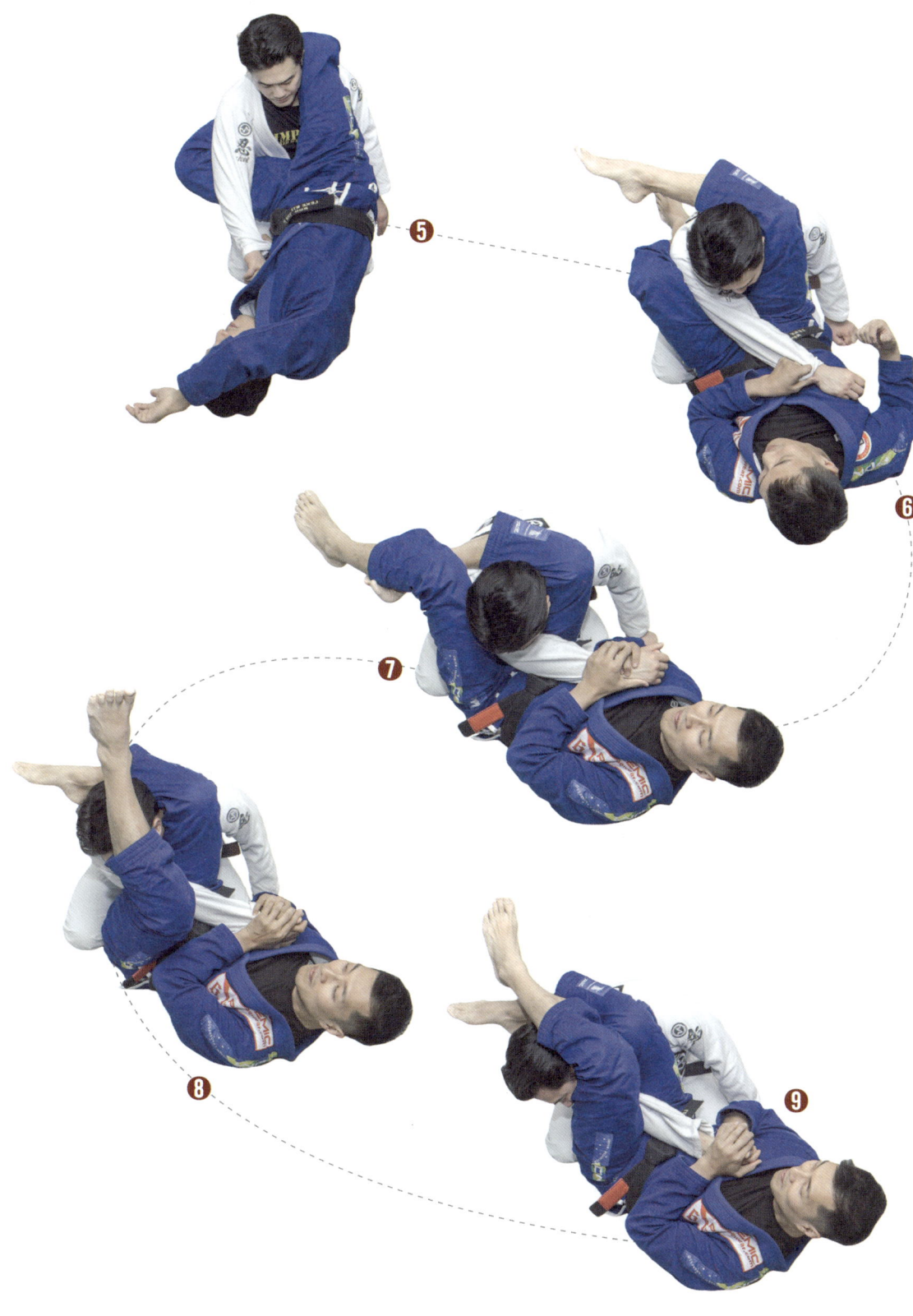

2. 하프 가드 리버스 삼각 조르기

하프 가드에서 상대방 가슴 쪽을 방어하던 다리를 들어 올려 상대방의 목을 감고 옆구리 쪽으로 올린 다리와 감아 삼각 조르기 그립을 만든 후 정강이를 잡아당겨 압박을 가해 항복을 받아낸다.

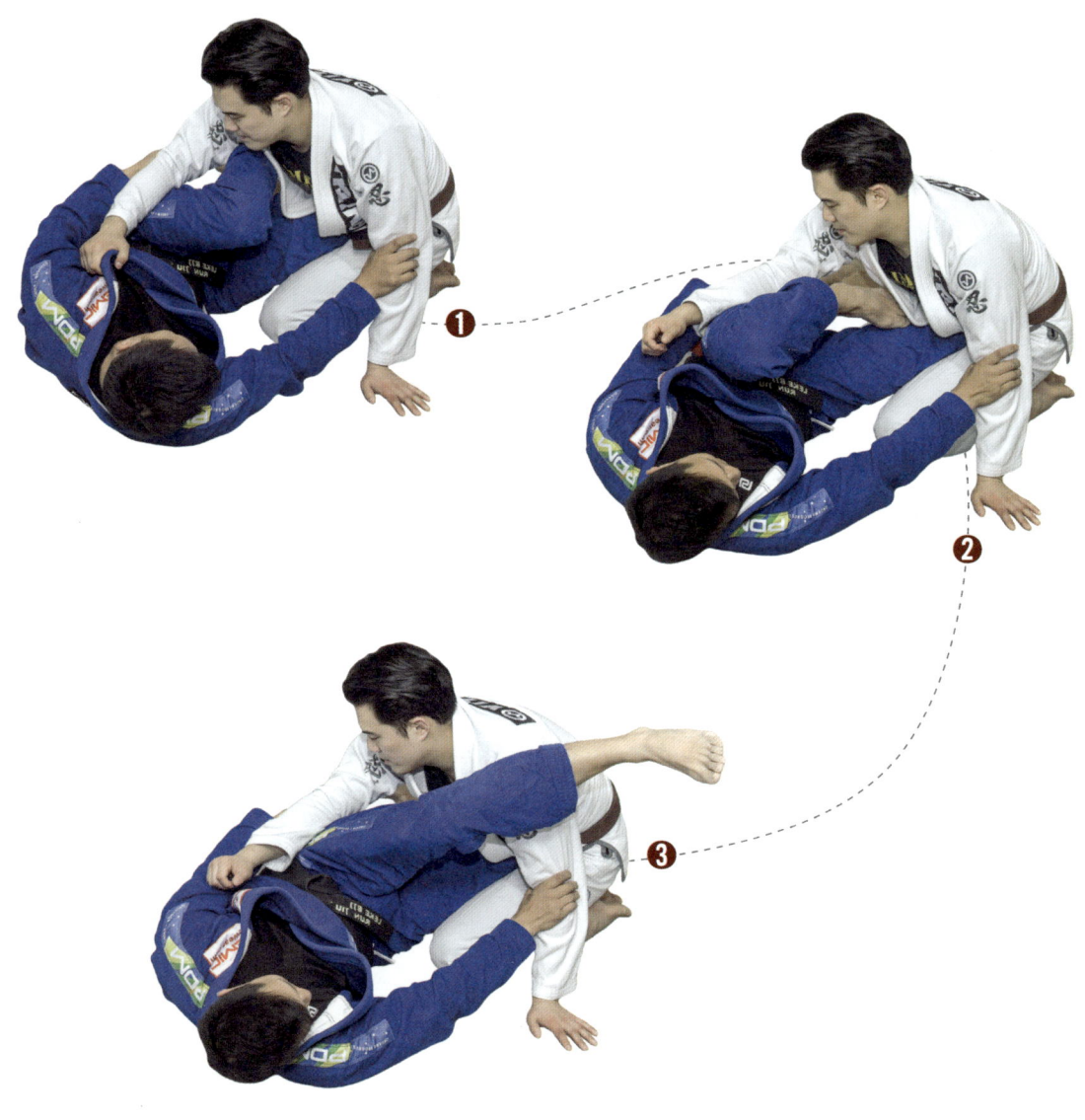

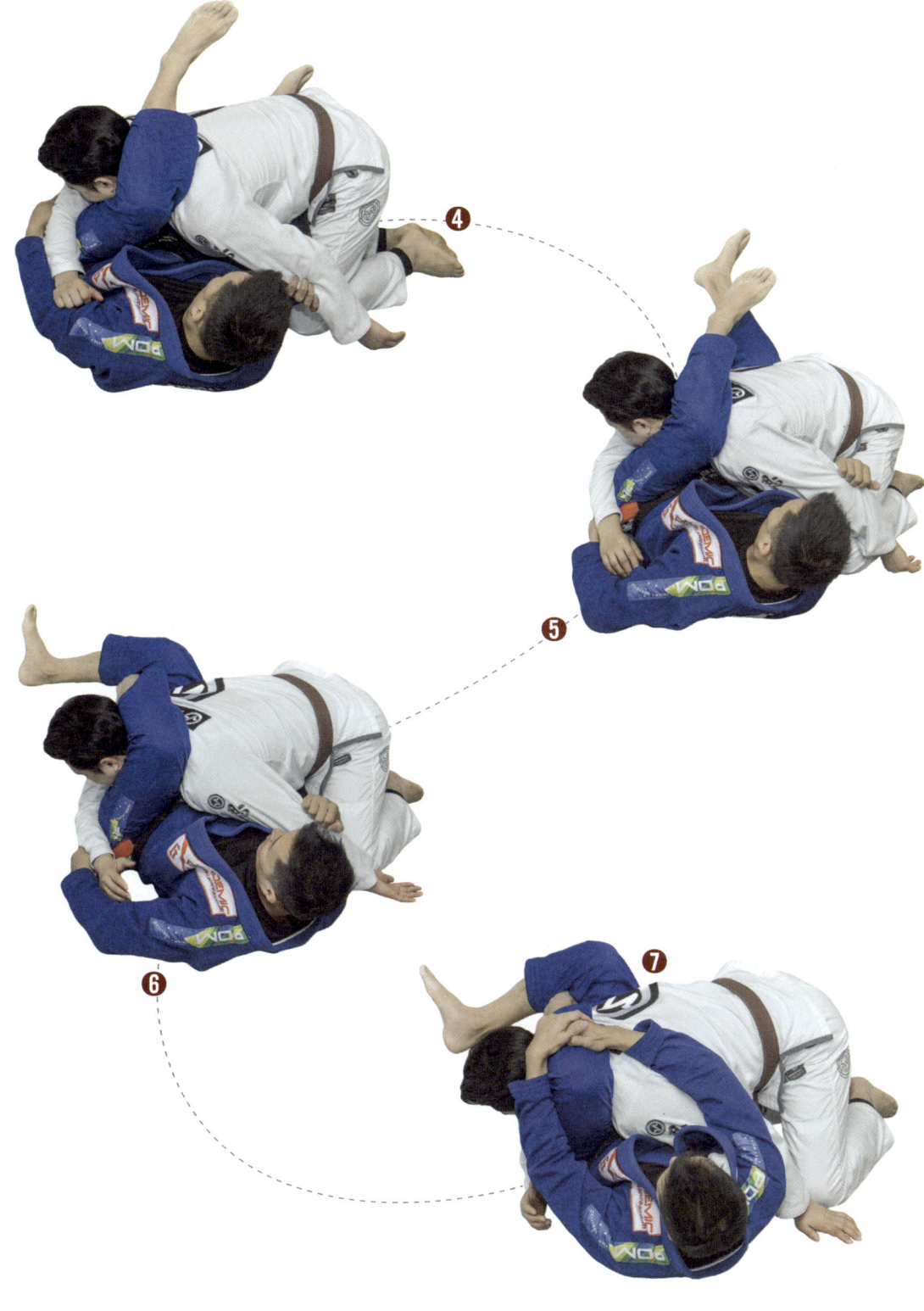

Chapter 11 모던 주짓수 스타일의 관절기 및 조르기

297

3. 라쏘 가드 롤링 리버스 삼각 조르기

라쏘 가드를 잡은 다리를 반대쪽 겨드랑이에 밀어 넣고 안쪽으로 회전하며 상대방의 목과 옆구리를 감는다. 이후에 삼각 조르기 그립을 잡은 후 압박을 가해 항복을 받아낸다.

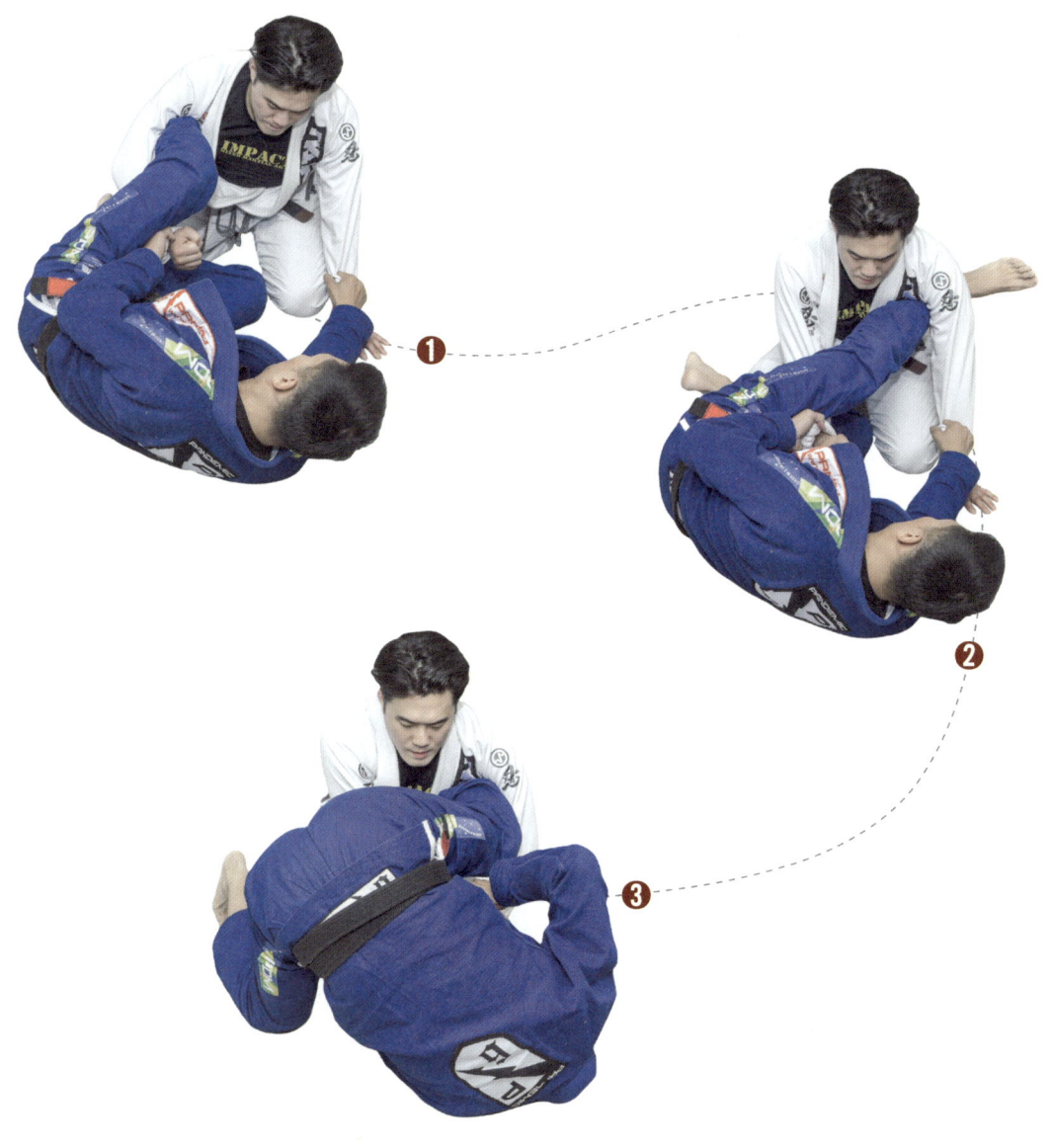

4. 스파이더 가드 삼각 조르기

스파이더 가드를 잡은 상태에서 상대방의 골반에 발을 딛고 몸을 세우며 스파이더 가드를 잡은 다리로 상대방의 목을 감는다. 그다음에 상대방의 한쪽 팔을 당기며 두 다리로 상대방을 감은 다음 삼각 조르기를 건다.

5. 라쏘 가드 삼각 조르기

라쏘 가드를 잡은 상태에서 다른 쪽 손으로 라쏘 가드에 잡힌 상대방의 팔꿈치를 당기면서 다리를 밀어 넣어 두 다리로 상대방을 감는다. 그다음에 삼각 조르기를 완성하여 탭을 받아낸다.

05 루프 초크

1. 터틀 포지션 루프 초크

터틀 포지션에 있는 상대방의 목깃을 잡고 상대방 목을 자신의 겨드랑이에 낀 다음 다른 손으로 목덜미를 지나 목을 감고 있는 팔 아래로 밀어 넣는다. 그다음 바닥으로 회전하며 상대방의 목을 감아서 조른다. 이때 팔을 이용해 상대방이 도망가지 못하게 할 수도 있다.

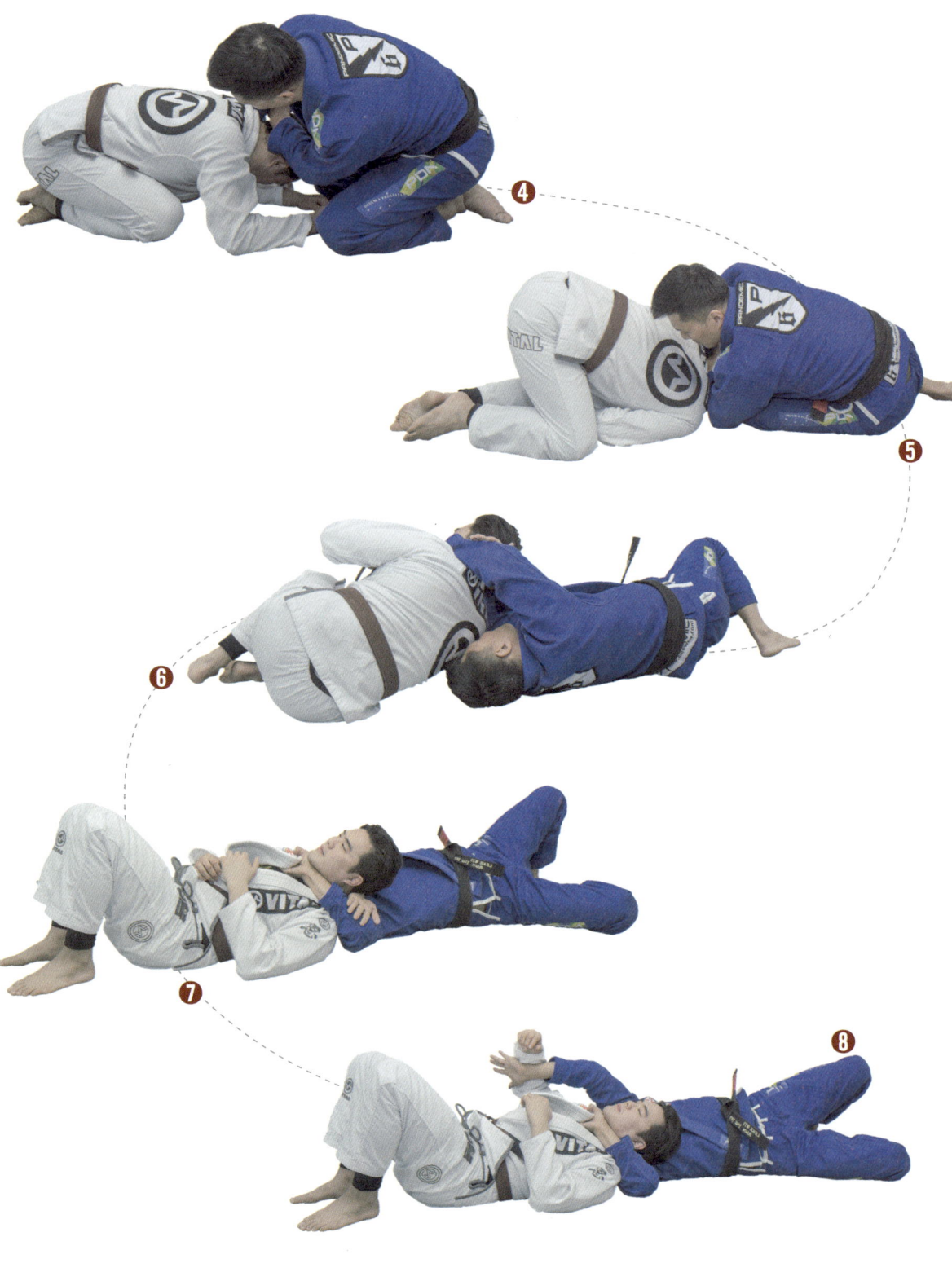

2. 터틀 포지션 루프 초크(팔로 감기)

터틀 포지션에 있는 상대방의 목깃을 잡고 상대방 목을 자신의 겨드랑이에 낀 다음 다른 손으로 상대방 팔을 감은 겨드랑이 안쪽으로 머리를 밀어 넣고 상대방과 180도 엇갈리게 눕는다. 그다음 목깃과 상대방의 팔을 잡아당기며 상대를 조른다.

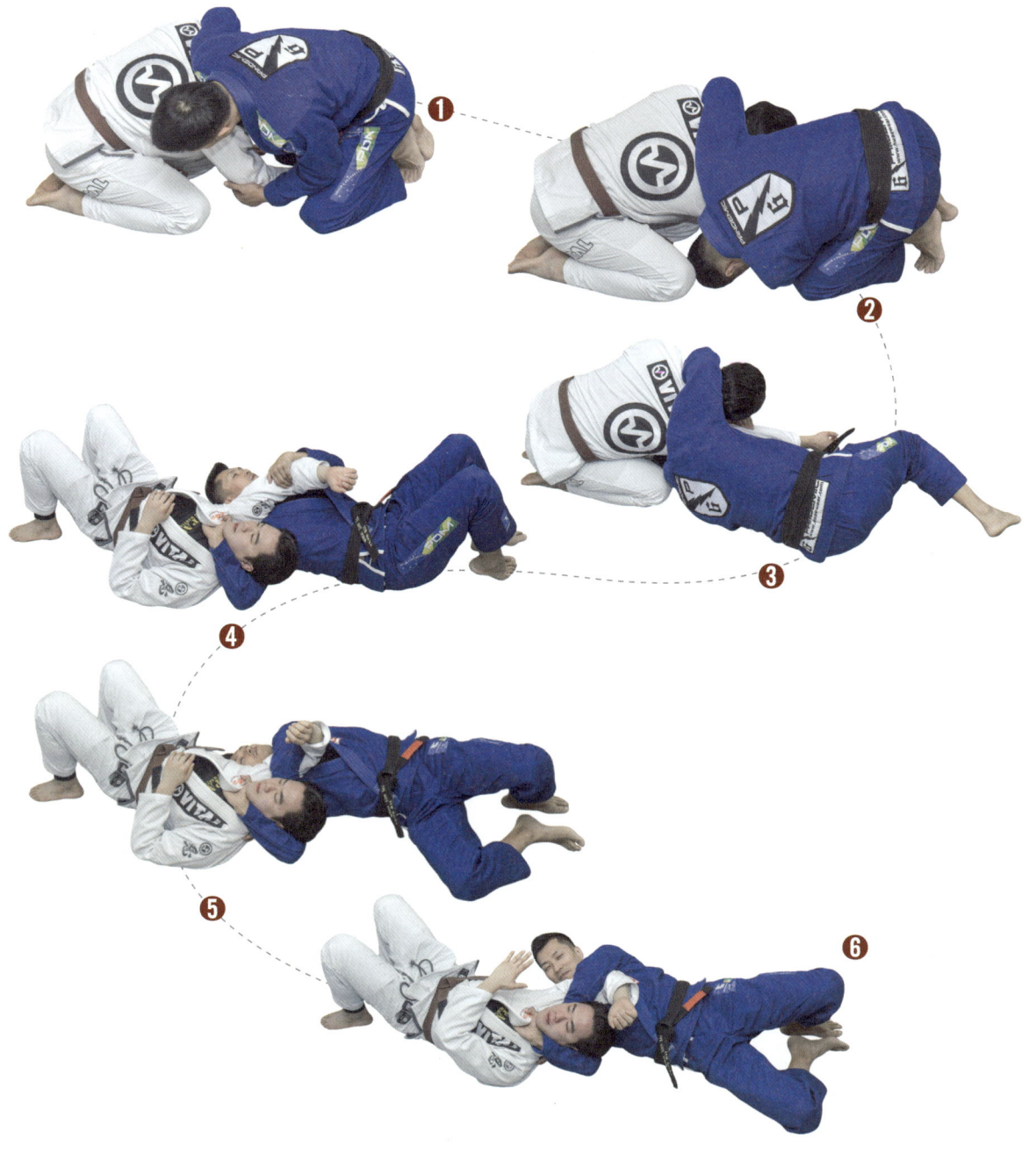

3. 터틀 포지션 루프 초크(다리잡고 감기)

터틀 포지션에 있는 상대방의 목깃을 잡고 상대방 목을 자신의 겨드랑이에 낀 다음 다른 손으로 상대방 무릎을 잡는다. 이후에 감은 겨드랑이 안쪽으로 머리를 밀어 넣고 상대방을 어깨에 태우듯이 180도 엇갈리게 눕는다. 그다음 목깃과 상대방 다리를 턱걸이하듯 잡아당기며 상대를 조른다.

4. 터틀 포지션 루프 초크 & 암바

터틀 포지션에 있는 상대방의 목깃을 잡고 상대방 목을 자신의 겨드랑이에 낀 다음 상대방과 90도로 이동한다. 그리고 다른 손으로 상대방 팔을 감은 후 다리를 넘겨 암바 자세를 잡고 뒤로 누우며 루프 초크와 암바를 동시에 건다.

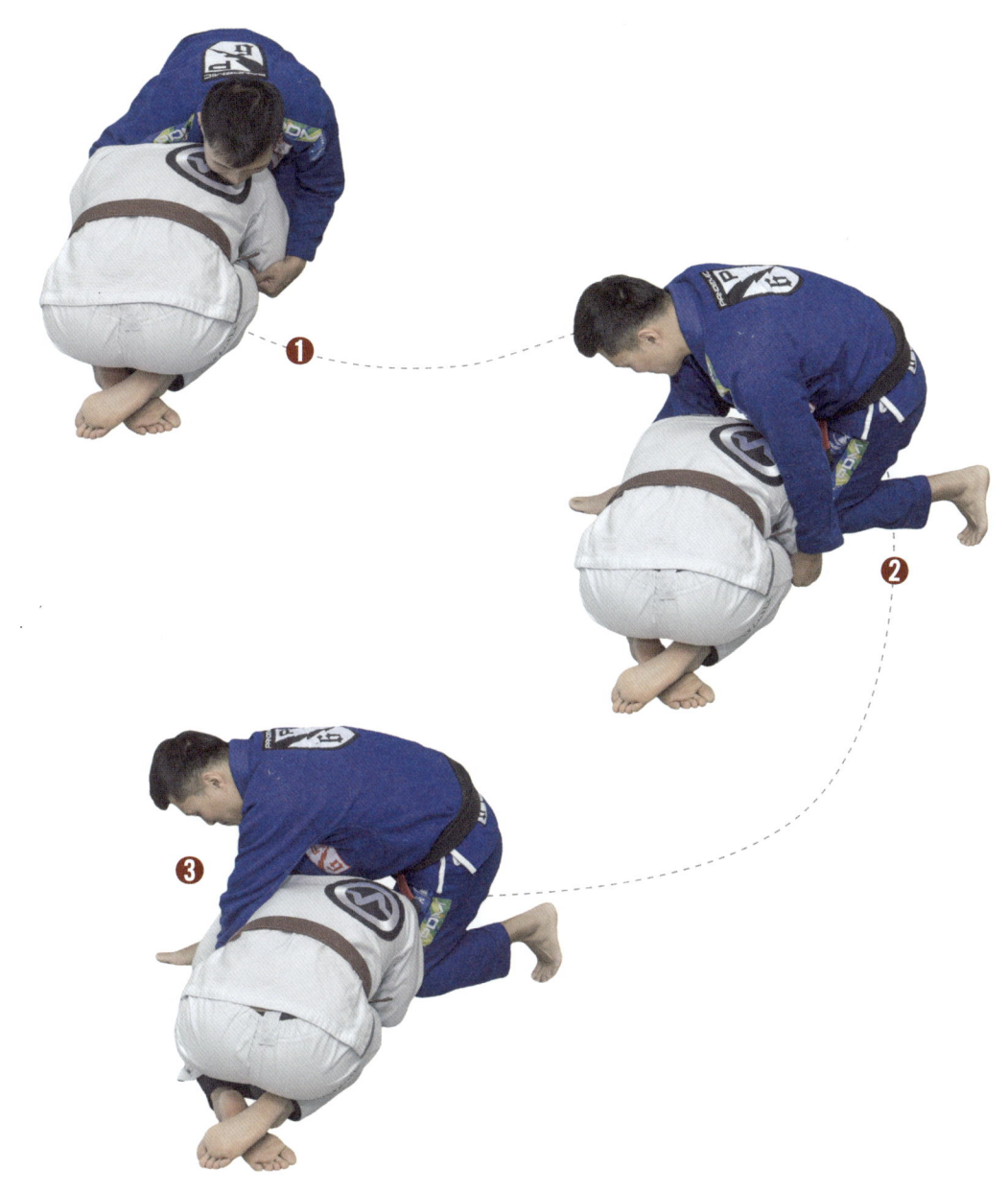

5. 클로즈드 가드 루프 초크

클로즈드 가드에 있는 상대방의 목깃을 대각선으로 잡고 일어나며 상대방의 목을 자신의 겨드랑이에 낀 다음 손을 상대방 목 뒤를 지나 팔꿈치 밑으로 낀다. 그다음 상대방의 목이 감기는 쪽으로 몸을 비틀며 조른다.

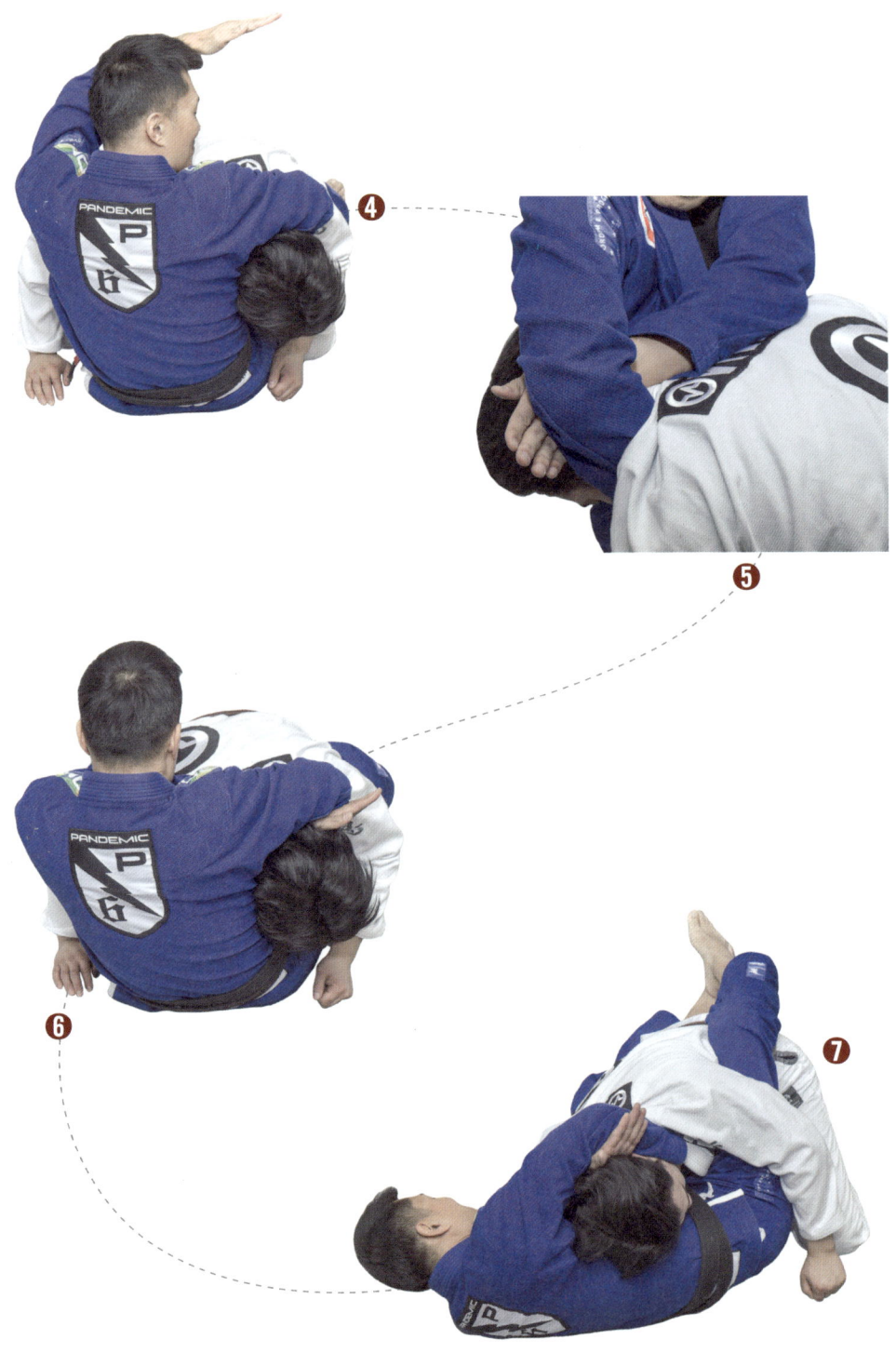

06 라펠 초크

1. 라펠 베이스볼 초크

사이드 포지션 밑에 있는 상대방의 라펠을 잡아 등 쪽을 통해 어깨와 목 뒤를 감아 넘긴 후에 두 손으로 야구 배트를 잡듯이 라펠을 움켜잡고 목젖을 누르며 조른다. 이때 상체를 숙이며 압박을 가해 조르기의 힘을 배가시킨다.

2. 라펠 페이퍼 컷 크로스 초크

사이드 포지션 밑에 있는 상대방의 라펠을 잡아 등 쪽을 통해 어깨와 목을 감고 잡은 후에 다른 손으로 바꾸어 잡는다. 그리고 라펠 위쪽을 움켜잡고 팔이 가위처럼 교차한 상태로 목젖을 누르며 조른다. 이때 상체를 숙이며 압박을 가해 조르기의 힘을 배가시킨다.

3. 라펠 초크(곁누르기)

사이드 포지션에 있는 상대방의 라펠을 잡아 목젖을 누르게 감은 다음 다른 손으로 잡는다. 이후 자신에게 가까운 쪽 팔을 잡아당기며 유도식 곁누르기 자세로 전환하면서 라펠을 조여 상대방의 항복을 받아낸다.

4. 남북자세 라펠 초크

사이드 포지션에 있는 상대방의 라펠을 잡아 목젖을 누르게 감은 다음 루프 초크처럼 자신의 어깨를 상대방 어깨에 닿게 회전하며 남북자세로 전환한다. 이후 남은 손으로 상대방 팔을 감고 상대방의 목깃을 잡은 후 목이 조여지는 방향으로 비틀며 상대방의 항복을 받아낸다.

Chapter 12

다윗의 돌팔매, 하체 관절기

룰 허용분류	IBJJF 허용	ADCC/MMA 허용
하체 관절기 포지션	Ashi Garami Top Side Ashi Garami Ushiro Ashi Garami 50 / 50	Leg Knot or Game Over Russian Leg Knot Inside Sankaku (411, Saddle, Honey Hole) Russian Cowboy Russian Leg Lasso
하체 관절기 엔트리		클로즈드 가드 하프 가드 버터플라이 가드 싱글렉 X 가드 50/50 가드
하체 관절기	바나나 스플릿 일렉트릭 체어 스트레이트 앵클락 카이오 테라 풋락 에스티마 락 칼리프 슬라이서 니바 토홀드	힐훅

01 | IBJJF 허용 포지션 & ADCC / MMA 허용 포지션

1. 아시 가라미(Ashi Garami), 다리 얽어 비틀기

IBJJF 규칙상에서 반칙이 아닌 자세이다. 그래서 화이트벨트부터 폭넓게 쓰이고 있지만 바깥쪽 다리와 발이 상대방 몸 중앙으로 넘어오면 IBJJF 규칙이 적용되는 대회에서는 반칙임을 명심해야 한다.

2. 탑 사이드 아시 가라미(Top Side Ashi Garami) or 버터플라이 아시(Butterfly Ashi)

이 자세도 IBJJF 규칙상에서 허용되는 자세이며, 주로 스트레이트 앵클락을 걸 때 많이 나오는 자세이다.

3. 뒤로 다리 얽어 비틀기(Ushiro Ashi Garami)

* Ushiro는 Behind(뒤)란 뜻이다.

이 자세도 IBJJF 규칙상에서 허용되는 자세이며 니바, 토홀드, 힐훅 등 다양한 기술을 걸기 위해 롤링할 때 나오는 자세이다.

• 뒤로 다리 얽어비틀기(Ushiro Ashi Garami)

4. 50 / 50

이 자세도 IBJJF 규칙상에서 허용되는 자세이며, 다양한 하체 관절을 걸 때 많이 나오는 자세이다.

• 50 / 50

5. 인사이드 산가쿠(Inside Sankaku)

*Honey Hole, 411, Saddle라고도 한다.

이 자세부터 IBJJF 규칙상에서는 반칙이다. 주로 ADCC(아부다비컴뱃) 규칙 혹은 프로 그래플링 대회에서는 허용되는 기술로 주로 힐훅을 걸기 위해 많이 나오는 자세이며, 포지션만으로도 상대에게 부상을 입힐 수 있음으로 주의해서 수련해야 한다.

6. 레그 노트(Leg Knot)

*혹은 Game Over라고도 한다.

노트(Knot)가 매듭이란 의미로서 다리를 꼬아 매듭처럼 만든다는 의미이다. 허니홀과 더불어 힐훅을 걸기 위해 많이 나오는 자세로 다양한 변형 자세가 많다.

• 레그 노트(Leg Knot)-①

- 레그 노트(Leg Knot)-②

- 레그 노트(Leg Knot)-③

7. 러시안 레그 노트(Russian Leg Knot)

상대방 다리를 얽어맨 후 꼬아서 락을 거는 포지션으로 더욱 강력하게 상대방의 움직임을 봉쇄한다.

8. 러시안 카우보이(Russian Cowboy)

상대방의 양다리를 다리로 꼬아 골반에 훅을 거는 자세이다.

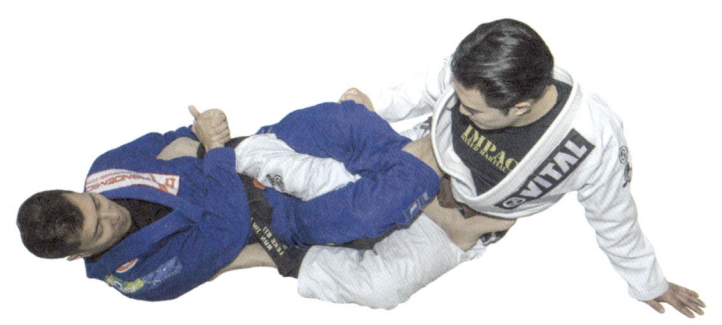

9. 러시안 레그 라쏘(Russian Leg Lasso)

상대방의 두 발을 겨드랑이에 끼고 두 다리를 바깥에서 안쪽으로 꼬는 자세이다.

• 러시안 레그 라쏘(Russian Leg Lasso)-①

• 러시안 레그 라쏘(Russian Leg Lasso)-②

02 | IBJJF 허용 하체 관절기

1. 바나나 스플릿

바나나 스플릿은 상대방 골반을 좌우로 벌려 항복을 받아내는 기술로서 상대방의 다리가 상체 쪽으로 향할수록 고통이 증가한다. 토홀드를 동시에 걸 수도 있다.

2. 일렉트릭 체어

일렉트릭 체어는 상대방 골반을 앞뒤로 벌려 항복을 받아내는 기술로 흡사 전기의자에 앉아 고통받는 느낌이라고 해서 붙여진 이름이다. 상체 쪽으로 압박하는 다리를 몸 안쪽으로 향하게 하면 고통이 증가한다.

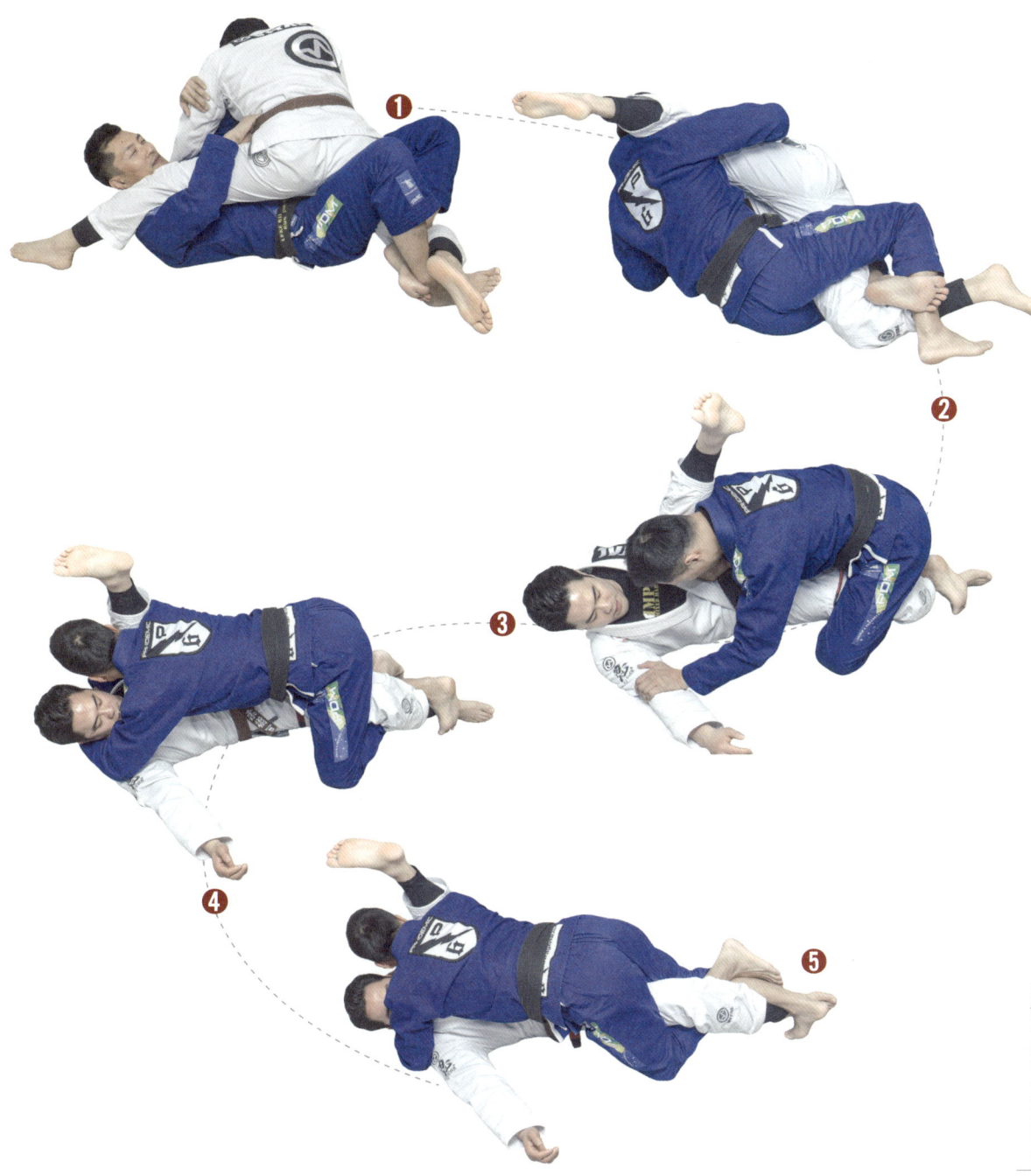

3. 스트레이트 앵클락

기본적인 앵클락은 상대방 아킬레스건을 팔로 감싼 후 위로 발목을 커팅 하는 느낌으로 들어 올려 항복을 받아내는 기술이다.

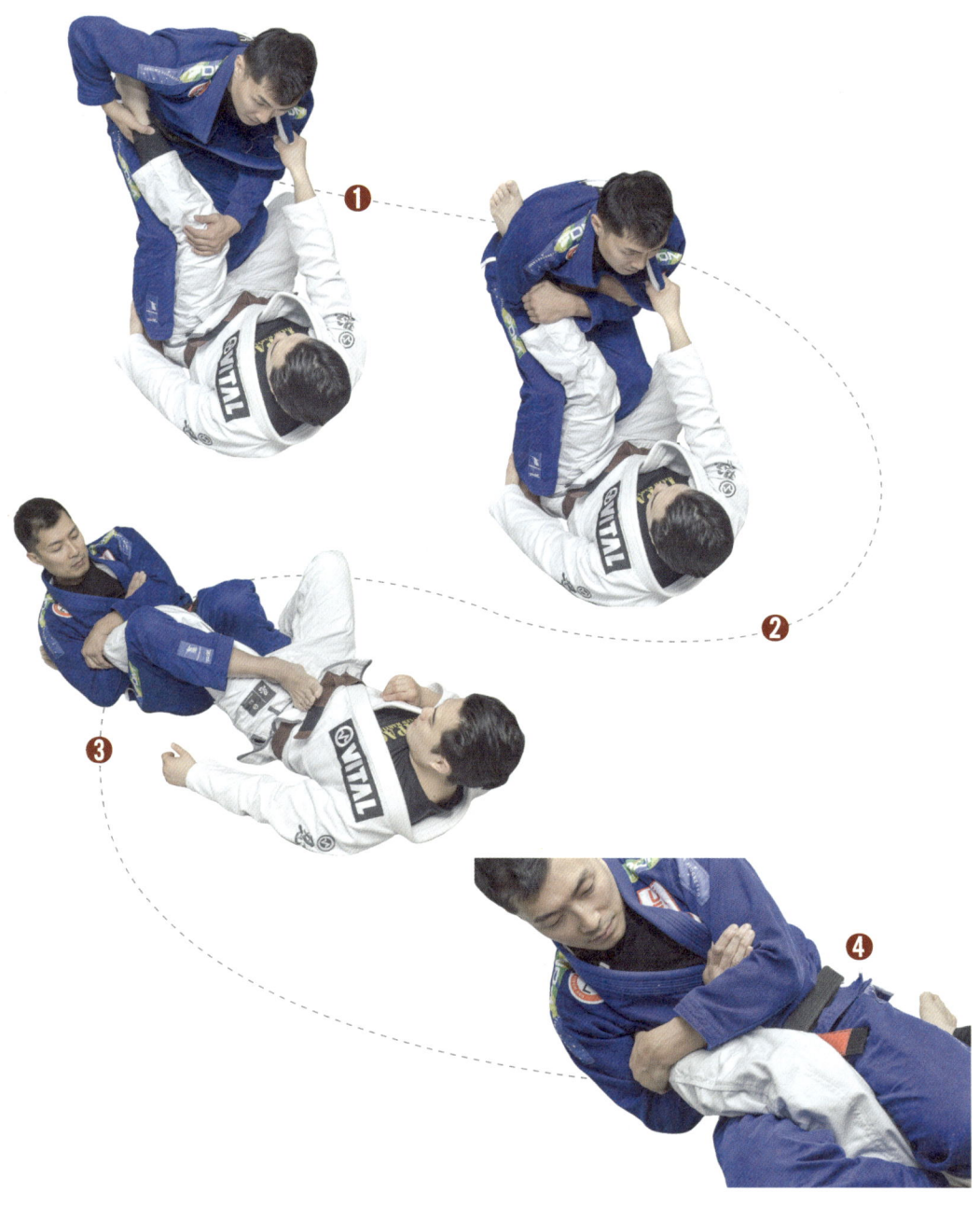

• 스트레이트 앵클락 그립 디테일

스트레이트 앵클락을 잡을 때 상대방의 발목을 잡는 자신이 팔과 옆구리에 공간이 없도록 타이트하게 잡고 팔짱을 끼듯 타이트하게 그립을 유지하는 것이 중요하다.

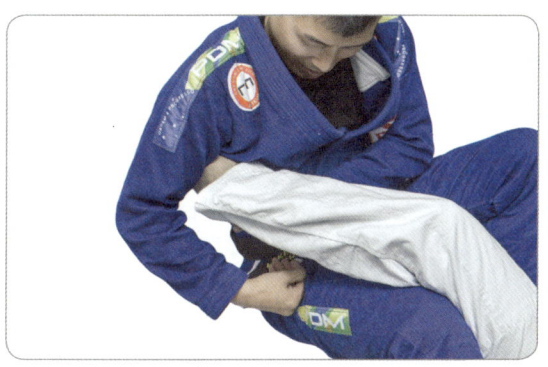

• 밸리 다운 포지션

상대방이 버틸 때에는 바깥쪽으로 회전하며 배가 바닥을 향하는 밸리 다운 포지션으로 전환한 후 상체를 세워 무릎을 압박하여 항복을 받는다.

❶

❷

❸

❹

• 변형 스트레이트 앵클락

상대방의 발목을 회전시켜 항복을 받아내는 변형 스트레이트 앵클락 기술도 자주 활용된다. 그립을 잡을 때 상대방 발이 자신의 옆구리에 밀착되도록 잡는 것이 중요하다.

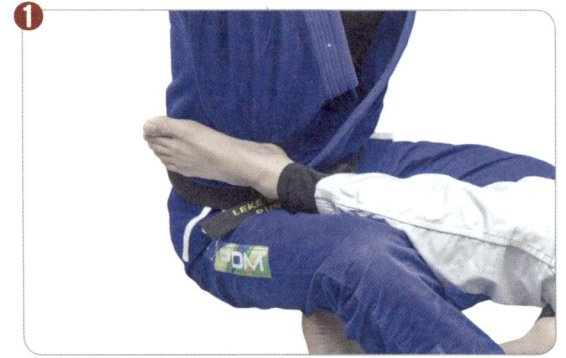

• 50/50 앵클락

50/50에서 앵클락도 자주 쓰이는데, 주로 대각선 방향으로 걸면 더욱 강력한 압박이 이루어진다.

4. 카이오 테라 풋락

카이오 테라 선수가 주로 사용하여 명명된 기술로서 스트레이트 앵클락의 변형으로 데라히바 가드 상태에서 앵클락을 거는 것으로 상대방은 물론 본인의 무릎에도 많은 압박이 가해지는 기술로 신중하게 사용해야 한다.

Chapter 12 다윗의 돌팔매

5. 에스티마 락

브라울리오 에스티마 선수가 주로 사용하여 명명된 기술로서 앵클락 자세에서 상대방의 발등을 배로 밀며 토홀드와 같은 압박을 주어 항복을 받아내는 기술이다.

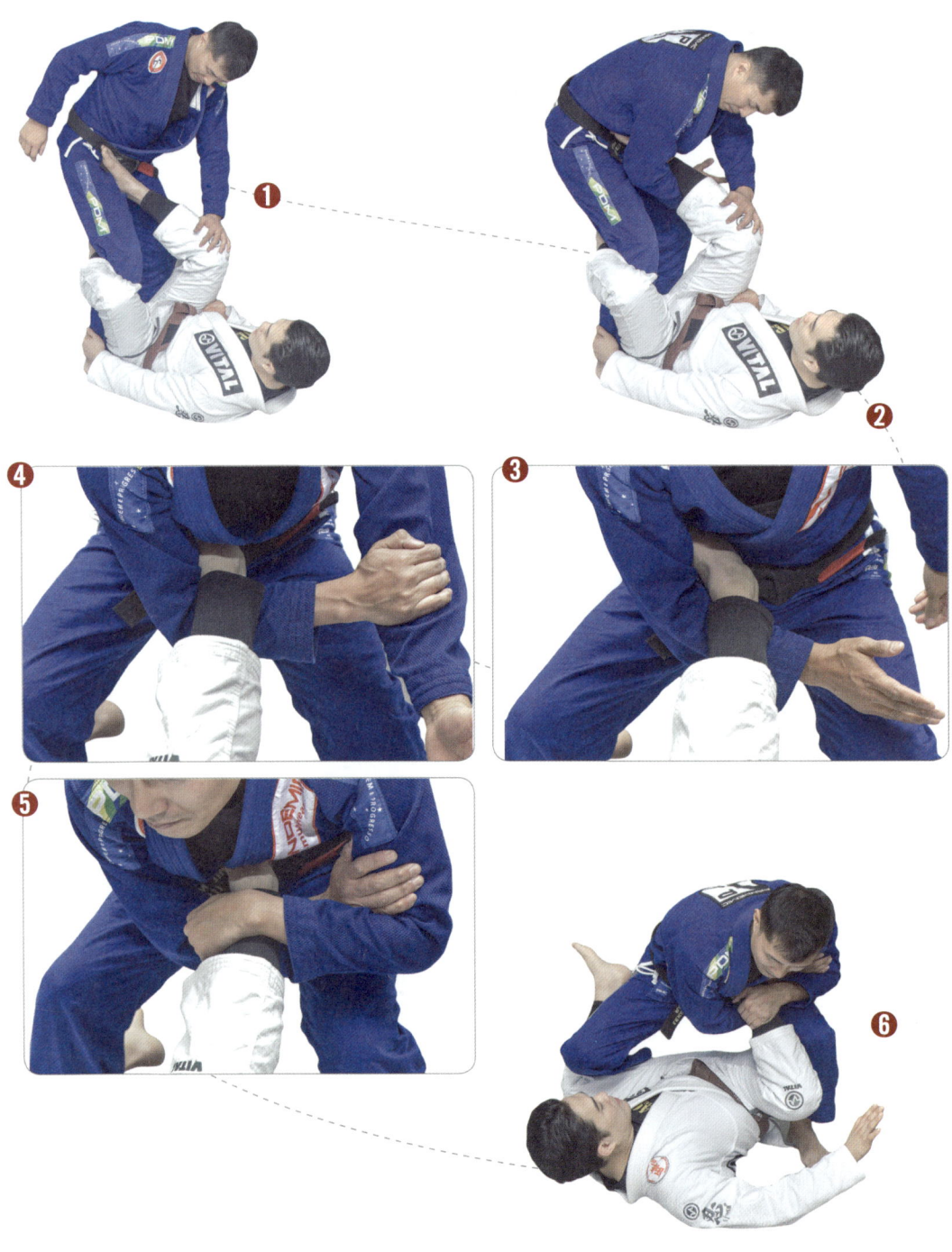

6. 칼리프 슬라이서

상대방의 종아리에 다리로 락을 걸어 항복을 받아내는 기술로서 버티게 되면 종아리 근육이 파열될 수 있는 위험한 기술이다.

7. 니바

니바는 상대방의 무릎을 가동 범위 반대로 꺾어 항복을 받아내는 기술로서 암바와 같은 기술을 다리 쪽에 건다고 생각하면 쉽다. 하체 관절기의 대표적인 기술로서 다양한 상황에서 활용이 가능하다.

• 니바

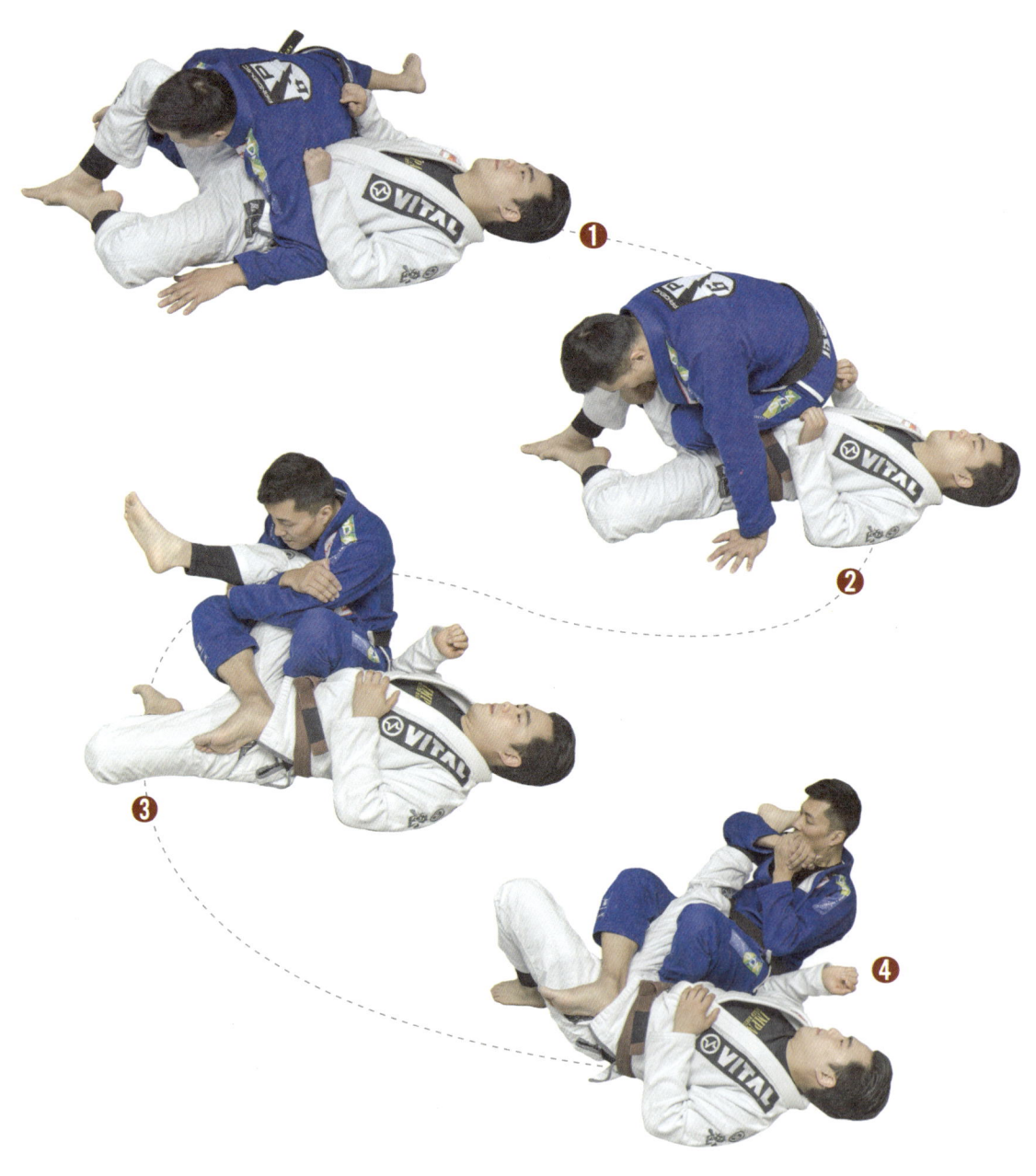

• 니바 그립에 따른 변형

8. 토홀드

토홀드는 상대방의 발목을 꺾는 기술로서 다른 하체 관절에 비해 유연한 발목을 최대한 고립시킨 후 꺾는 것이 관건이다.

다른 하체 관절기와같이 시도하거나 다른 기술이 실패할 경우에전환하기 용이한 장점이 있다.

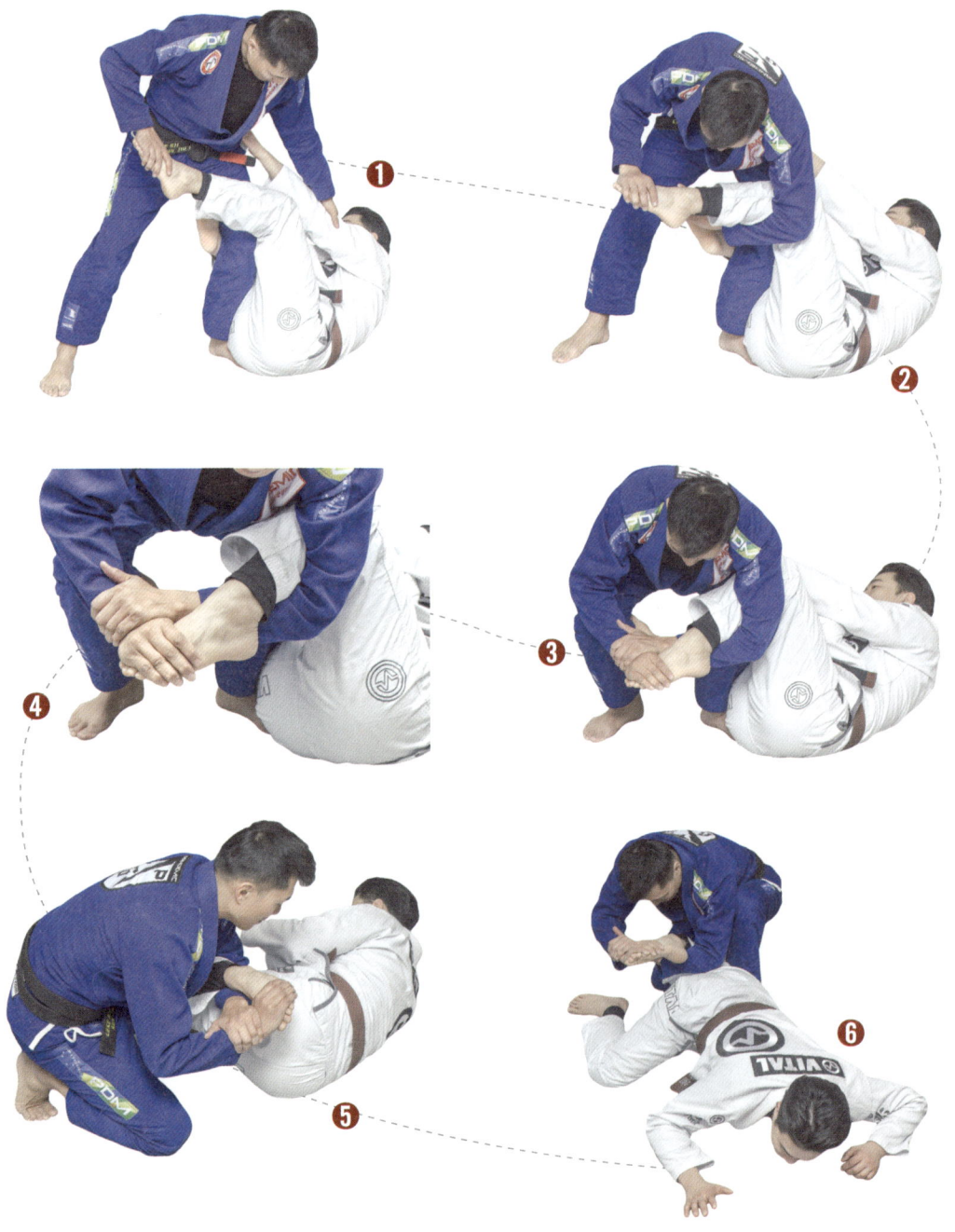

03 ADCC / MMA 허용 관절기

1. 힐훅

힐훅은 상대방의 다리를 고정시킨 후 발뒤꿈치를 돌려 상대방의 무릎 인대에 압박을 가하는 기술로서 기술이 들어가는 즉시 큰 부상을 입을 수 있으므로 스파링 혹은 시합 때 완벽하게 자세가 잡혔을 때는 빠르게 탭을 치는 것이 좋다.

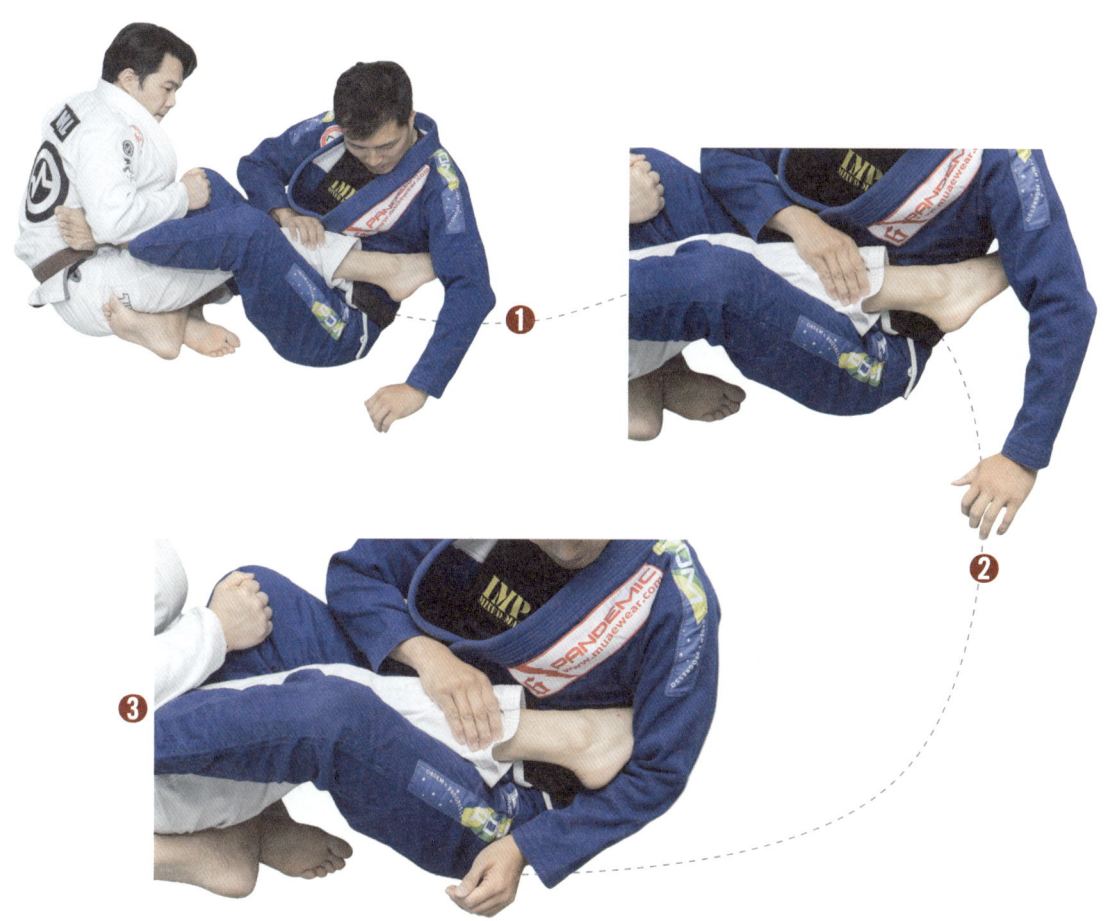

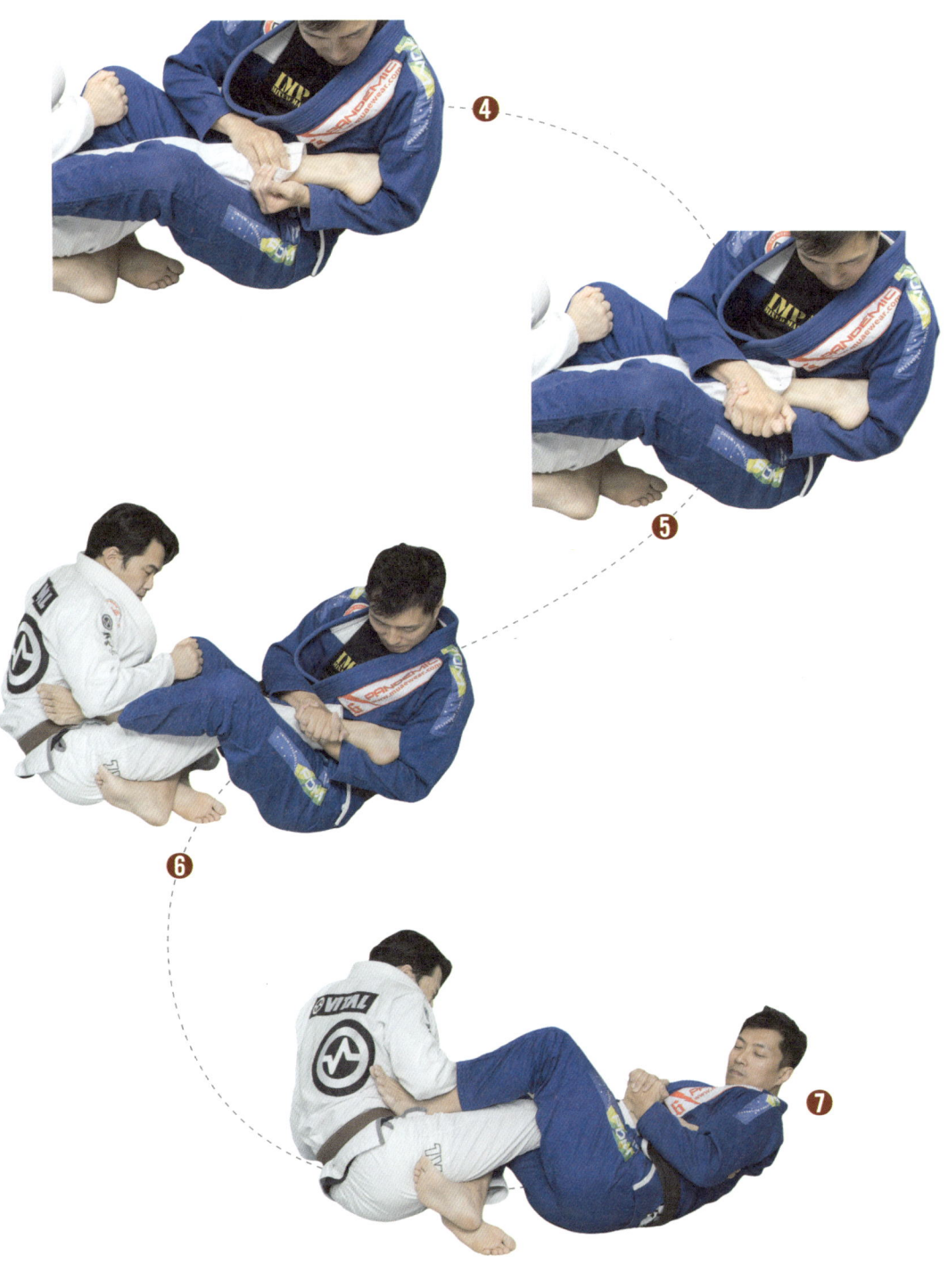

2. 인버티드 힐훅

상대방의 다리를 대각선으로 고정시킨 후 발뒤꿈치를 돌리는 것으로 상체는 돌리는 방향과 반대쪽으로 향해야 상대방이 탈출하는 것을 막을 수 있다.

04 하체 관절기 엔트리

1. 클로즈드 가드 하체 관절기 엔트리

클로즈드 가드를 잡은 상태에서 한쪽 다리를 손으로 잡은 후 같은 쪽 다리를 상대방의 무릎 안으로 밀어 넣는다. 이후 상대방의 다리를 잡아당기며 철봉을 타고 도는 것처럼 회전하며 뒤로 다리 얽어 비튼 후 니바를 건다.

2. 하프 가드 하체 관절기 엔트리

하프 가드를 잡은 상태에서 팔을 상대방 무릎 안쪽에 밀어 넣는다. 그리고 하프 가드를 잡은 위쪽 다리를 반대쪽 다리 위로 넘기면서 상체를 상대방 다리 사이로 밀어 넣으며 회전한다. 이후 뒤로 다리 얽어 비튼 후에 니바를 건다.

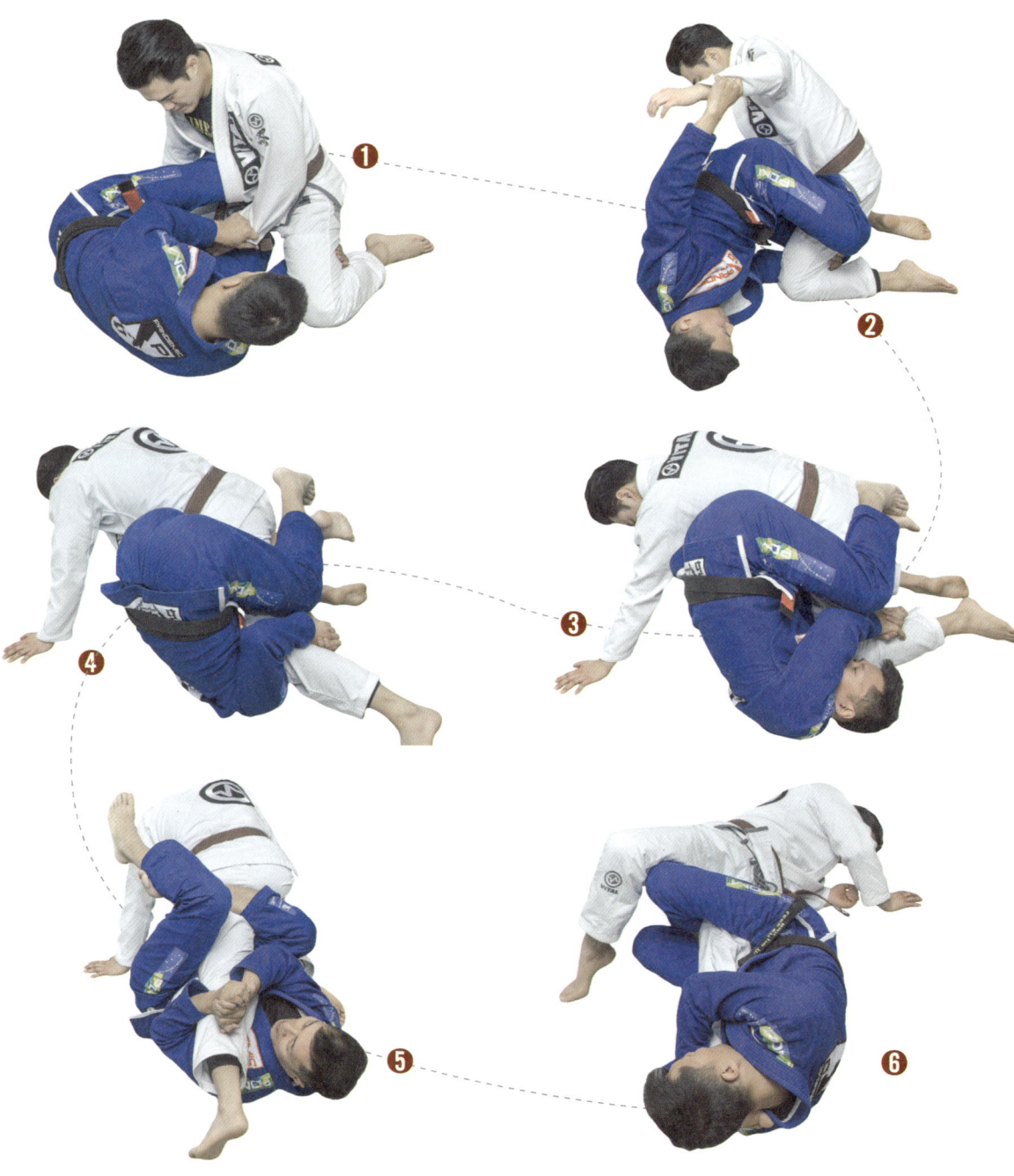

3. 버터플라이 가드 하체 관절기 엔트리

버터플라이 가드를 잡은 상태에서 상대방의 소매와 목깃을 잡는다. 그리고 뒤로 누우며 소매를 잡은 쪽 다리를 차올리며 공간을 만든 후 다리를 밖에서 안으로 감아 싱글렉 X-가드 자세를 잡는다. 그다음 상대방의 다리를 타고 돌면서 니바를 건다.

4. 롤링 하체 관절기 엔트리

롤링 하체 관절기 엔트리는 인버티드 롤링을 기습적으로 이용하여 상대방의 다리를 붙잡은 후 하체 관절기 기술을 거는 것으로 도복 경기보다는 주로 노기에서 많이 활용되는 기술이다.

• 롤링 하체 관절기 엔트리 ①

• 롤링 하체 관절기 엔트리 ②

• 이마나리 롤링 하체 관절기 엔트리

누구나
최강자가 되는
모던 주짓수

초판 2쇄 인쇄 2023년 5월 2일
초판 2쇄 발행 2023년 5월 10일

지은이 한진우

펴낸이 심세은
펴낸곳 ㈜세영출판
브랜드 G-BOOK

주소 서울 종로구 필운대로 56 1층
대표전화 (02)737-5252 팩스 (02)359-5885
전자우편 g-book@naver.com
등록번호 제300-2015-27호
ISBN   979-11-86641-52-1 03690

ⓒ 한진우

책값은 뒤표지에 있습니다.
이 책은 ㈜세영출판이 저작권자와의 계약에 따라 발행한 것이므로 본사의
서면 허락 없이 어떠한 형태나 수단으로 이용할 수 없습니다.
파본이나 잘못 인쇄된 책은 구입하신 서점에서 교환해드립니다.